Ayurvedische Ernährung

Eine Anleitung zu bewusstem Essen

Mata Amritanandamayi Center, San Ramon
Kalifornien, Vereinigte Staaten

Ayurvedische Ernährung

von Nibodhi Haas und Gunavati Gobbi

Veröffentlicht von:
Mata Amritanandamayi Center
P.O. Box 613
San Ramon, CA 94583
Vereinigte Staaten

————————*Ayurvedic Nutrition (German)*————————

Erstausgabe vom MA Center: September 2016

In Deutschland: www.amma.de

In der Schweiz: www.amma-schweiz.ch

In India:
inform@amritapuri.org
www.amritapuri.org

Die Information in diesem Buch ist nicht dazu gedacht, eine Diagnose zu stellen, zu heilen oder eine Krankheit oder Störung zu verhindern, sondern dient ausschließlich Bildungszwecken.

Wir beten dafür, dass dieses Buch dem Leser, der Menschheit und Mutter Natur von Nutzen sein wird. Möge es Gesundheit und Wohlbefinden bringen. Jeglicher Nutzen, der aus diesen Informationen gewonnen werden kann beruht auf der endlosen Güte und dem Mitgefühl Ammas und der Weisheit der alten Rishis (Seher). Jegliche Fehler innerhalb des Textes stammen vom Autor.

Dieses Buch ist den Lotusfüßen unseres geliebten Satgurus, Mata Amritanandamayi, gewidmet.

Inhalt

Einleitung

*"Der ayurvedische Arzt beginnt die Heilung
einer Krankheit, indem er die Ernährung des
Patienten umstellt. Ayurvedische Ärzte bauen
so stark auf die Ernährung, dass es sogar heißt,
alle Krankheiten könnten durch die Befolgung
von Ernährungsrichtlinien in Verbindung mit
den richtigen Kräutermitteln geheilt werden.
Wenn ein Patient diese Ernährungsregeln
jedoch nicht befolgt, werden ihn auch
einhundert gute Ärzte nicht heilen können."*
– Charaka Samhita 1.41

Gesundheit und Wohlbefinden werden durch eine
gute Ernährung und eine gesunde Einstellung
ermöglicht und unterstützt. Kulturen und Heiler
aus aller Welt haben seit Urzeiten erkannt, dass
körperliche und emotionale Gesundheit stark
von der Nahrung beeinflusst wird, die wir zu
uns nehmen. Naturbelassene Nahrungsmittel,
die mit Liebe und Bewusstheit zubereitet werden,
verstärken die Gesundheit von Körper und Geist.
Nahrungsmittel, welche mit giftigen Gedanken
oder Substanzen – wie z.B. Bleichmitteln, Kon-
servierungsstoffen und chemischen Zusatzstoffen

– angereichert sind, belasten die Organe. Wenn die verschiedenen Körpersysteme durch ungesunde Nahrungsmittel belastet werden, wirkt sich das auch auf emotionaler Ebene aus. Die Chinesische Medizin stellt einen Zusammenhang zwischen Ärger und Lebervergiftung fest, während Trauer mit einer Schwäche der Lungen einhergeht. Die Naturheilkunde zeigt uns, dass Nahrungsmittelallergien oftmals mit Lethargie, Dumpfheit oder gar Depression verbunden sein können.

Die Wissenschaft des Ayurveda lehrt, dass richtige Ernährung die Basis für Gesundheit ist. Ayurveda teilt den Körper in drei Konstitutionstypen bzw. *Doshas* ein: *Vata, Pitta* und *Kapha*. Der Begriff Vata bezieht sich auf das Element des Windes und des Äthers. Pitta bezieht sich auf Feuer und Wasser. Kapha bezieht sich auf Wasser und Erde. Nahrungsmittel können anhand ihrer Eigenschaften ebenfalls in drei Kategorien eingeteilt werden: *rajasisch* (anregend/aktiv), *tamasisch* (schwer/dumpf) und *sattvisch* (leicht/rein). Wenn wir rajasisches, tamasisches oder sattvisches Essen zu uns nehmen, können wir seine Auswirkung sowohl auf körperlicher als auch auf geistiger Ebene feststellen. Wie auch immer man es angeht, letztlich gelangt man immer zu der selben Schlussfolgerung: Wir sind buchstäblich das, was wir essen.

Ayurvedische Ernährungsrichtlinien dienen der Wiederherstellung der Harmonie zwischen den Doshas. Dies ist essentiell für die Erhaltung körperlicher Vitalität, emotionaler Gesundheit und eines ausgeglichenen Gemütszustandes. Ayurvedische Ernährungsrichtlinien werden auf die jeweils vorherrschende individuelle Körperkonstitution abgestimmt. Jeder Mensch verfügt über eine ganz eigene Kombination von Elementen und Doshas. Daher sind die Vorgaben zur ayurvedischen Ernährung immer verschieden. Um Nahrungsmittel auszuwählen, die einen harmonisierenden Effekt haben, müssen die individuelle Konstitution, die Jahreszeit, das Wetter, die Tageszeit, die Qualität der Nahrung und sogar die mentale und emotionale Verfassung, die durch Hunger ausgelöst wird, berücksichtigt werden. Durch die Nahrungsaufnahme nehmen wir an einem der kreativsten Prozesse der Natur teil. Durch die Nahrungsmittel, die wir auswählen, können wir den Körper entweder stärken oder schwächen.

Die Frage, *wie* wir essen ist ebenso wichtig wie die Frage, *was* wir zu uns nehmen. Wenn wir uns beim Essen emotional unausgeglichen fühlen, kann es die Harmonie des Körpers durcheinander bringen. Wenn wir zu schnell oder zu viel essen, wird der Nahrungsbrei nicht ausreichend verdaut, was wiederum unsere Gesundheit schwächt. Eine in Ruhe genossene Mahlzeit, verbunden mit einem Gefühl von Dankbarkeit, wird jedoch zu unserem Wohlgefühl beitragen und unseren Körper unterstützen.

Das Befolgen ayurvedischer Ernährungsrichtlinien ist nicht schwierig. Als Alternative zu einer Ernährung, die bestimmte Doshas übermäßig verstärkt, stehen genügend gesunde und wohlschmeckende Nahrungsmittel zur Verfügung, die ausgleichend wirken.

Je sensibler wir für die Prozesse in unserem Körper werden, desto mehr bekommen wir Lust auf natürliches und einfaches Essen. Ungesunde Ernährungsgewohnheiten sind gewöhnlich das Resultat familiärer oder gesellschaftlicher Konditionierungen. Sie können leicht durch ein gesünderes Essverhalten ersetzt werden. Manchmal genügen schon ein paar kleine und einfache

Änderungen, um eine deutliche gesundheitliche Verbesserung zu bewirken.

Das gesamte Leben wird von unserem Essen beeinflusst. Gesunde Nahrungsmitteln auszuwählen ist das Beste, was wir tun können, um unserem Körper Kraft zu geben und mentale Ausgeglichenheit zu erlangen.

Darüber hinaus zollen wir dadurch auch Mutter Erde und all ihren Kreaturen unseren

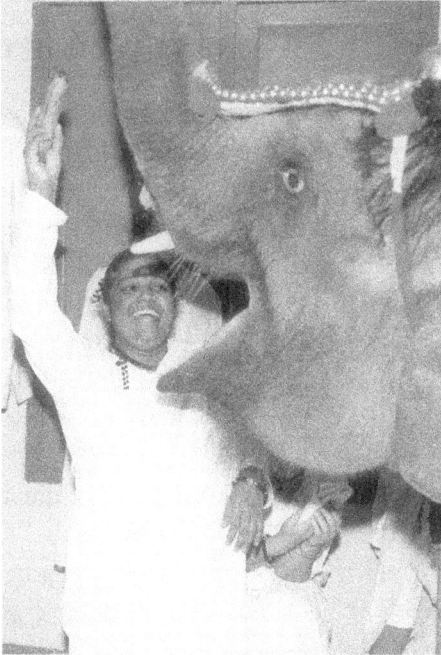

Respekt. Wir möchten alle dazu ermutigen, sich des Einflusses, den die Ernährungsgewohnheiten auf uns selbst, aber auch auf die Erde haben, bewusst zu werden.

Mögen die in diesem Buch enthaltenen Hinweise den Menschen helfen, gesunde Nahrung zu wählen und somit zu besseren Werkzeugen für ein bewussteres Leben im Dienste der Gemeinschaft zu werden.

Eine ausgewogene Ernährung

Im Ayurveda wird davon ausgegangen, dass jeder Mensch über eine individuelle körperliche Konstitution verfügt. Aus diesem Grund variieren die Empfehlungen, die den jeweiligen Personen gegeben werden. Die Lehre des Ayurveda besagt, dass die Natur und die Menschen von bestimmten elementaren Kräften beeinflusst werden. Das Universum setzt sich aus fünf Elementen zusammen: Raum, Wind, Feuer, Wasser und Erde. Die gesamte Schöpfung wird als „Tanz" oder „Spiel" dieser fünf Elemente verstanden. Sie interagieren miteinander und bilden dadurch die drei Doshas (die körperlichen Zustände – Vata, Pitta und Kapha). Der Begriff Dosha bedeutet eigentlich

„Unreinheit" oder „Unausgeglichenheit". Die Doshas sind für biologische, psychologische und physiologische Prozesse in Körper, Geist und Seele verantwortlich. Wenn sie miteinander harmonieren, führen sie zu Ausgeglichenheit. Wir alle haben diese drei Doshas in uns, allerdings in unterschiedlichem Maße.

Die Vorteile von einer dosha-bewussten Ernährung sind:
- bessere Gesundheit, Jugendlichkeit und ein verbessertes Gedächtnis
- mehr Energie, Ausdauer und Kraft
- andere Unausgewogenheiten werden ebenfalls ausgeglichen
- Unausgeglichenheiten wird präventiv vorgebeugt
- besserer Umgang mit Stress und Angst
- besserer Schlaf und verstärkte Konzentrationsfähigkeit
- verbesserte Verdauung, Ausscheidung und besserer Stoffwechsel
- gesündere Haut und Ausstrahlung
- der Alterungsprozess wird verlangsamt
- gesündere Kinder
- stärkeres Immunsystem
- gesundes Körpergewicht
- bessere Meditation und Yoga-Praxis

Der folgende Test kann dir einen Hinweis auf das bei dir vorherrschende Dosha geben. Dies kann jedoch nur sehr allgemein gehalten werden. Um Genaueres über den eigenen Konstitutionstypen zu erfahren, sollte ein Ayurveda-Arzt konsultiert werden.

Das Prakriti - Deine individuelle Konstitution

Aspekte	Vata	Pitta	Kapha
Geist	schnell, unruhig	scharf, aggressiv	ruhig, stabil, beständig
Gedächtnis	Kurzzeitgedächtnis	gut	Langzeitgedächtnis
Gefühle	Angst, Unsicherheit	Ärger, empfindlich	anhänglich, Gier
Gedanken	häufig wechselnd	gewöhnlich stabil	stabil
Konzentration	kurzzeitig	überdurchschnittlich	ausdauernd
Träume	Angst, aktiv	Ärger, wütend	wässrig, ruhig
Schlaf	leicht, gestört	gut	tief, lang
Sprache	schnell, abgehackt	klar, schnell, scharf	langsam, klar, süß
Stimme	hoch, dünn	mittel	tief
Körper	dünn	mittel	kräftig
Gewicht	gering	mittel	schwer
Haut	trocken, rau	zart, ölig	dick, ölig
Haare	trocken	mittel	ölig
Haarfarbe	dunkel/grau	rot/hell	braun, schwarz
Haarfülle	durchschnittlich	dünn	dick
Zähne	hervorstehend, schief	mittel, weich	groß, stark

Augen	klein, tro-cken, aktiv	scharf, durchdrin-gend	groß, schön
Appetit	gering, wech-selhaft	gut	beständig
Krankheits-muster	nervös, Schmerzen	hitzebezogen	schleimig
Durst	wechselnd	stark	gering
Aus-scheidung	trocken, hart, Verstopfung	ölig, locker	ölig, dick, langsam
Aktivität	sehr aktiv	mittel	langsam
Durchhalte-vermögen	gering	gut	groß
Stärke	gering	überdurch-schnittlich	hervorra-gend
Puls	„Schlange", schwach, kaum wahr-nehmbar	„Frosch", gemäßigt, sprunghaft	„Schwan", breit, lang-sam
Gesamt:	Vata:	Pitta:	Kapha:

Dosha-spezifische Ernährungsrichtlinien zielen darauf ab, die Harmonie der Doshas im Körper wieder herzustellen. Sie basieren auf der jeweiligen Konstitution und den aktuellen Unausgeglichen-heiten. Wenn jemand beispielsweise vorwiegend dem Vata-Typ zuzuordnen ist oder vata-bezogene Beschwerden aufweist, sollten am besten die Vor-gaben für die Vata-Ernährung befolgt werden. Es ist jedoch zu beachten, dass hier ganz allgemeine und übergeordnete Empfehlungen ausgesprochen werden. Die erforderliche Ernährung ändert sich je nach Jahreszeit, Alter, Verdauung, Wohnort und Klima. Oftmals ist es nötig, die Prinzipien aller drei Doshas auf die individuellen Bedürfnisse abzustimmen. Die hier gegebenen Empfehlungen sind jedoch ein guter Ausgangspunkt. Da Fleisch und Eier werden später noch genauer besprochen werden finden sie zunächst keine weitere Erwähnung.

Empfehlungen zur vata-reduzierenden Ernährung

Vata wird der kalten, windigen und trockenen Jahreszeit zugeordnet. In dieser Zeit verstärken sich die Vata-Eigenschaften natürlicherweise ganz von selbst und man sollte besonders auf Ausgleich achten. Hierfür empfehlen sich warmes Essen und Getränke und auch schwerere und öligere Nahrungsmittel. Man sollte mehr süße, saure und salzigere Dinge essen. Trockene und kalte/rohe Nahrungsmittel und Getränke sollten vermieden werden. Bitteres, Adstringierendes und Scharfes kann in geringem Maße genossen werden.

Einen Vata-Überschuss erkennt man in erster Linie an: Verstopfung, Schlaflosigkeit, Müdigkeit,

Abmagerung, Völlegefühl, Blähungen, Entfärbung von Urin und Stuhlgang, geschwächte Sinnes-Wahrnehmung, hohes Stress-Level, starkes Kältegefühl und Abwehrschwäche.

Vata wird verstärkt durch scharfe, bittere, adstringierende Geschmacksrichtungen und Nahrungsmittel, die leicht, trocken und kalt sind.

Vata wird geschwächt durch süße, sauere, salzige Geschmacksrichtungen und Nahrungsmittel, die schwer, ölig und heiß sind.

Im Folgenden eine Liste mit Empfehlungen für das Vata-Dosha:

- **Bohnen:** Sollten nur eingeschränkt gegessen werden, da sie allesamt Vata verstärken, mit Ausnahme von Mungobohnen. Diese können häufig genossen werden, müssen aber gut gekocht und bekömmlich gewürzt sein. Tofu kann in Maßen zugeführt werden.
- **Öle:** Alle Öle reduzieren Vata. Sesamöl und Ghee sind am besten.
- **Gemüse:** Gekochte Rüben, Karotten, Spargel, Zwiebeln, Yamswurzeln und Süßkartoffeln sind hervorragend für den Vata-Ausgleich geeignet. Sellerie, Okraschoten, Zucchini, Kürbis, grüne Bohnen und Senfblätter sind ebenfalls gute Nahrungsmittel. Sie sollten mit ein wenig Ghee,

Öl oder Butter gekocht werden. Es sollte eine kleine Menge an vata-reduzierenden Gewürzen hinzugefügt werden. Andere Gemüsesorten können in geringem Maße gegessen werden, sofern sie gut durchgekocht sind.

- **Gewürze:** Kleine Mengen von schwarzem Pfeffer, Senfkörnern, Kumin, Ingwer, Zimt, Fenchel, Bockshornkleesamen, Koriander, Kurkuma, Basilikum, Petersilie, frischer Koriander, schwarze Senfsamen, Oregano, Thymian, Safran und Kardamom wirken vata-ausgleichend, wenn sie mit dem Essen mitgekocht werden. Chili und roter Pfeffer sollten reduziert werden.
- **Getreide:** Quinoa, Basmati-Reis, Hafer und Hirse sind sehr gut für den Vata-Ausgleich geeignet. Roggen, Gerste und Mais sollten weniger gegessen werden.
- **Früchte:** Süße und saure Früchte sind gut für Vata. Diese sind u.a. Orangen, Avocados, Trauben, Pfirsiche, Melonen, frische Feigen, Papaya, Beeren, Kirschen, Mangos, süße Ananas, Birnen, Kaki-Früchte, Bananen, Limetten, Zitronen und Grapefruits.
- **Süßungsmittel:** Roher Rohrzucker, Melasse, Jaggery, Stevia und Honig sind am besten für

Vata. Alle anderen natürlichen Süßstoffe sollten in Maßen genossen werden.

- **Nüsse/Samen:** Alle Nüsse und Samen sind gut für Vata geeignet, sofern sie nicht im Übermaß gegessen werden.
- **Milchprodukte:** Sofern keine Laktose-Unverträglichkeit vorliegt, sind alle rohe, biologische und nicht homogenisierte Milchprodukte gut für Vata geeignet, besonders Ghee, Buttermilch und Jogurt. Um die Verdauung zu unterstützen, sollte die Milch gekocht und warm getrunken werden.

Empfehlungen zur pitta-reduzierenden Ernährung

Pitta ist der heißen und trockenen Jahreszeit zugeordnet. In dieser Zeit sollten Nahrungsmittel und Getränke bevorzugt werden, die kühlen. Süße, bittere und adstringierende Geschmacksrichtungen sind am besten geeignet. Es sollten frische, süße Früchte und Gemüsesorten gegessen werden, die in der Pitta-Jahreszeit geerntet werden können. Scharfes, Saures und Salziges sollte reduziert werden. Gemieden werden sollte Jogurt, Käse,

Tomaten, Essig und scharfe Gewürze, weil sie Pitta verstärken.

Ein Pitta-Überschuss kann sich u.a. in folgenden Symptomen äußern: Übermäßiger Hunger oder Durst, brennende Haut, Augen oder Gliedmaßen, Hautausschlag, Fieber, gelbe Verfärbungen, entzündliche Krankheiten, Ärger, Wut, Hass, Eifersucht und Ungeduld.

Pitta wird verstärkt durch scharfe, saure und salzige Geschmacksrichtungen und Nahrungsmittel, die scharf, leicht und trocken sind.

Pitta wird geschwächt durch süße, bittere und adstringierende Geschmacksrichtungen und Nahrungsmittel, die kalt, schwer und ölig sind.

Im Folgenden eine Liste mit Empfehlungen für das Pitta-Dosha:

• **Bohnen:** Es sollten in erster Linie Adzukibohnen, Mungobohnen und Tempeh gegessen werden. Alle Gemüsebohnen sind gut geeignet, bis auf Linsen, weil sie Pitta verstärken. Andere Soja-Produkte, wie z.B. Tofu, sollten gemieden werden.

• **Öle:** Butter, Ghee, Olivenöl, Sonnenblumenöl und Kokosöl sind am besten für Pitta. Mandelöl, Maisöl und Sesamöl sollten reduziert werden, weil sie Pitta verstärken.

- **Gemüse:** Spargel, Kohl, Gurken, Erbsen, Okraschoten, Zucchini, grüne Bohnen, Kohlrabi, Pastinaken, Karotten, Broccoli, Blumenkohl, Sprossen, Sellerie und grünes Blattgemüse sind gut für den Pitta-Ausgleich. Rohkost-Salate sind bestens geeignet, vor allem im Sommer.
- **Gewürze:** Kurkuma, Koriander, Zimt, Fenchel, Minze und Kardamom sind pitta-ausgleichend. Chili und Cayenne-Pfeffer verstärken Pitta und sollten daher gemieden werden.
- **Früchte:** Süße und adstringierende Früchte, wie z.B. Trauben, Kokosnuss, Kirschen, Avocado, Melonen, Mangos, Granatäpfel, Pflaumen, Orangen, Äpfel, Birnen, Cranberries und Ananas sind gut geeignet für Pitta. Saure Früchte, wie z.B. Oliven, unreife Ananas oder unreife Bananen sollten gemieden werden.
- **Süßungsmittel:** Alle natürlichen Süßstoffe sind für Pitta gut; lediglich große Mengen an Honig sollten vermieden werden.
- **Nüsse/Samen:** Nüsse sollten absolut gemieden werden. Sonnenblumenkerne können in kleinen Mengen, Hanfsamen hingegen regelmäßig gegessen werden.
- **Milchprodukte:** Sofern keine Laktose-Intoleranz vorliegt, kann nicht homogenisierte rohe

Bio-Milch, Butter und Ghee zur Beruhigung von Pitta verwendet werden, allerdings in Maßen. Käse, Jogurt, saure Sahne und Buttermilch verstärken Pitta.

Empfehlungen zur kapha-reduzierenden Ernährung

Kapha ist der nassen, kalten und regnerischen Jahreszeit zugeordnet. Zu dieser Zeit sollten Nahrungsmittel genossen werden, die leicht, trocken und warm sind. Scharfe, bittere und adstringierende Geschmacksrichtungen sind besonders gut geeignet. Süße, salzige und saure Nahrungsmittel sollten gemieden werden.

Ein Kapha-Überschuss kann sich u.a. in folgenden Symptomen äußern: Appetitverlust, körperliches Schweregefühl, kalte Hände und Füße, geschwollene Gelenke, Husten mit Auswurf, übermäßiges Schlafbedürfnis, Trägheit, gedämpftes Empfinden, Konzentrationsmangel und Einfallslosigkeit.

Kapha wird verstärkt durch süße, saure und salzige Geschmacksrichtungen und Nahrungsmittel, die schwer, ölig und kalt sind.

Kapha wird reduziert durch scharfe, bittere und adstringierende Geschmacksrichtungen und Nahrungsmittel, die leicht, trocken und heiß sind. Im Folgenden eine Liste mit Empfehlungen für das Kapha-Dosha:

- **Bohnen:** Alle Arten von Bohnen sind gut für Kapha geeignet, mit Ausnahme von Kidney-Bohnen. Tofu sollte nur in geringem Maße gegessen werden.
- **Öle:** Generell sollte nur wenig Öl gegessen werden. Mandelöl und Sonnenblumenöl können in geringen Mengen genossen werden, ebenso Ghee (allerdings nur mit Gewürzen).
- **Gemüse:** Gemüse sollte gekocht und gut gewürzt sein. Für Kapha sind alle Gemüsesorten außer Gurken, Auberginen, Kürbis, Spinat, Süßkartoffel und Tomaten gut geeignet. Besonders gut sind Rettich, Kohlrabi, dunkelgrüne Blattgemüse, Sellerie, Kohl und Sprossen.
- **Gewürze:** Salz verstärkt Kapha und sollte daher gemieden werden. Alle Gewürzsorten sind gut für Kapha geeignet, vor allem Cayenne-Pfeffer, schwarzer Pfeffer, Knoblauch, Ingwer, schwarze Senfsamen und Chili, da sie das Verdauungsfeuer anfachen.

- **Getreide:** Am besten geeignet sind Gerste, Quinoa, Amaranth, Buchweizen, Roggen und Mais. Weizen und Reis sollten vermieden und Hirse nur gelegentlich gegessen werden.
- **Früchte:** Es sollten leichte und adstringierende Früchte bevorzugt werden, wie z.B. Cranberries, Aprikosen, Beeren, Äpfel und Granatäpfel. Getrocknete Früchte, wie Rosinen und Pflaumen, sind ebenfalls gut geeignet. Schwere, sehr süße oder saure Früchte sollten gemieden werden, z.B.: Trauben, Bananen, Feigen, Orangen, Kokosnuss, Ananas, Datteln und Melonen. Sie verstärken Kapha.
- **Süßungsmittel:** Honig und Stevia sind die besten Süßstoffe für Kapha. Alle anderen Süßungsmittel sollten vermieden werden.
- **Nüsse/Samen:** Es sollten nur minimale Mengen an Nüssen konsumiert werden. Kürbiskerne, Hanfsamen und Sonnenblumenkerne können in Maßen gegessen werden.
- **Milchprodukte:** Nicht-homogenisierte, rohe und biologische Ziegenmilch und kleine Mengen gewürzter Buttermilch können gelegentlich genossen werden. Kapha-Typen sollten Milchprodukte meiden.

Tabelle der
Nahrungskombinationen

Um die Verdauung und den Stoffwechsel optimal zu unterstützen, sollten nicht zu viele Nahrungsmittel miteinander kombiniert werden. Andernfalls können Verdauungsprobleme, Blähungen, Völlegefühl und Befindlichkeitsstörungen entstehen. Eine falsche Kombination von Nahrungsmitteln begünstigt Gärungsprozesse im Magen, was wiederum das Verdauungsfeuer schwächt und Giftstoffe bildet. Um eine optimale Nahrungsaufnahme zu gewährleisten und sich nach dem Essen nicht zu voll oder müde zu fühlen, sollten folgende Hinweise zu gesunden Nahrungsmittelkombinationen beachtet werden.

Keine Kombination von:	mit:
Bohnen	Früchten, Käse, Eiern, Fisch, Milch, Fleisch, Jogurt
Eiern	Früchten, Bohnen, Käse, Fisch, Kichari, Milch, Fleisch, Jogurt
Getreide	allen anderen Nahrungsmitteln, mit Ausnahmen von Datteln und Mandeln
Heißen Getränken	Mangos, Käse, Fisch, Fleisch, Stärke, Jogurt, großen Nahrungsmengen

Zitronen	Gurken, Milch, Tomaten, Jogurt
Melonen	allen anderen Nahrungsmitteln; es sollte immer nur eine Sorte Melone für sich gegessen werden
Milch	Bananen, Kirschen, Melonen, Früchten, Brot, Fisch, Kichari, Fleisch
Nachtschatten-gewächsen	Gurken, Milchprodukten
Rettich	Bananen, Rosinen, Milch
Tapioka/Jogurt	Früchten, Käse, Eier, Fisch, heißen Getränken, Fleisch, Milch, Nachtschattengewächsen

Säuren und Basen

Wenn der Körper übersäuert ist, können verschiedene Symptome entstehen, wie z.B. Müdigkeit, Arthritis, Verdauungsstörungen, Magenübersäuerung, Geschwüre, Kopfschmerzen, Schlaflosigkeit, nervöse Anspannung und Osteoporose. Chronische Übersäuerung beschleunigt außerdem den Alterungsprozess und den Zellverfall. Eine Ernährung, die hauptsächlich aus frischem Obst und Gemüse besteht und nur geringe Mengen an Getreide und Eiweiß aufweist, unterstützt die Entsäuerung des Körpers. Eine Ernährung, die jedoch auf Fleisch, stark verarbeiteten Nahrungsmitteln oder übermäßig viel Kohlenhydraten beruht, verstärkt eine Übersäuerung.

Es ist am besten, 80% basische und 20% säurebildende Nahrungsmittel zu sich zu nehmen.

Säurebildende Nahrungsmittel:

Bohnen etc.:
Schwarze Bohnen, Kichererbsen, Erbsen, Kidney-Bohnen, Linsen, Lima-Bohnen, Erdnüsse, Pinto-Bohnen, rote Bohnen, Sojabohnen, Sojamilch, weiße Bohnen, Reismilch, Mandelmilch

Fette und Öle:
Avocadoöl, Rapsöl, Maisöl, Leinöl, Schweineschmalz, Olivenöl, Sesamöl, Sonnenblumenöl, Margarine, hydrogenisiertes Öl

Früchte:
Cranberries, Tomaten, Fruchtshakes mit Milch

Getreide:
Amaranth, Gerste, Buchweizen, Weizen, Haferflocken, Quinoa, Reis, Roggen, Graupen, Kamut, Weizenmehl, weiße Nudeln

Medikamente und Chemikalien:
Chemikalien, Medikamente, Pestizide, Unkrautbekämpfungsmittel

Milchprodukte:
Käse, Milch, Butter, Eier, Eis

Nüsse und Nussbutter:
Cashewnüsse, Erdnüsse, Erdnussbutter, Pekannüsse, Paranüsse, Sesammus, Walnüsse

Süßungsmittel:
Weißer Zucker, künstliche Zuckeraustauschstoffe

Sonstige:
Destillierter Essig, Weizenkeime, Kartoffeln, Fleisch, Alkohol, chemisch behandeltes Wasser, schwarzer Tee, Kaffee, kohlensäurehaltige Getränke, Fertigprodukte, Essen aus der Mikrowelle, Schokolade, jodiertes Salz

Basische Nahrungsmittel:

Gemüse:
Knoblauch, Spargel, fermentiertes Gemüse, Rote Beete, Broccoli, Rosenkohl, Kohl, Karotten, Blumenkohl, Sellerie, Mangold, Chlorella-Algen, Gurke, Kopfsalat, Pilze, Senfblätter, Löwenzahn, Zwiebeln, Pastinaken, Erbsen, Pfeffer, Kürbis, Steckrübe, Algen, Spirulina-Algen, Sprossen, Alfalfa, Klee, Weizengras

Gewürze:
Zimt, Curry, Ingwer, Senf, Chilipfeffer, Meersalz, Miso, Tamari, alle Kräuter

Früchte:
Äpfel, Aprikosen, Avocados, Bananen, Cantaloupe-Melonen, Kirschen, Kokosnuss, Datteln, Feigen, Trauben, Grapefruit, Limetten, Honigmelonen, Nektarinen, Orangen, Zitronen, Pfirsiche, Birnen, Ananas, alle Beeren, Mandarinen, tropische Früchte, Wassermelonen

Proteine:
Mandeln, Kastanien, Leinsamen, Kürbiskerne, Tempeh, Sonnenblumenkerne, Hirse, gekeimte Samen und Nüsse

Süßstoffe:
Stevia

Sonstige:
Apfelmost, Essig, Bienenpollen, probiotische Getränke, Gemüsesäfte, frische Obstsäfte, Bio-Milch, stilles Wasser, Kräutertee, Ginseng-Tee, Bancha-Tee, Kombucha

Nahrungsmittel aus kontrolliert biologischem Anbau

„Die Natur gibt all ihren Reichtum den Menschen. So, wie die Natur uns helfen möchte, sollten auch wir der Natur helfen. Nur dann kann die Harmonie zwischen der Natur und den Menschen erhalten bleiben."

– Amma

Vor vielen Jahren wurden in der Landwirtschaft noch Arbeitsweisen verwendet, die im Einklang mit den Rhythmen der Natur waren und nur auf natürlichen Substanzen basierten. Seit sich im Ackerbau die Verwendung von chemischen Düngemitteln, Pestiziden und Herbiziden immer mehr ausgebreitet hat, ist das Gleichgewicht in der Natur durcheinander geraten. Hierdurch wird nicht nur unser äußerer Lebensraum, sondern auch der innere bedroht.

Viele Bauern bemerken diese negativen Nebeneffekte und kehren zur kontrolliert-biologischen Landwirtschaft zurück, bei der die Fruchtbarkeit des Bodens und die Harmonie in der Natur auf natürliche Weise wiederhergestellt werden. Dies bedeutet eine natürlichere Arbeitsweise, z.B. durch den Einsatz von organischem Dünger und biologisch-dynamischen Präparaten. Außerdem wird beim Anbau auf eine angemessene Fruchtfolge geachtet. Pflanzen, die in ausgeglichenen und fruchtbaren Böden wachsen, sind stärker und gesünder. Sie sind weniger anfällig für Krankheiten und Parasiten. Das gleiche gilt auch für Menschen: Wer gesünder und zufriedener ist, wird nicht so schnell krank.

Pestizide und chemische Düngemittel werden im Ackerbau nicht wirklich benötigt. Sie wirken sich sehr zerstörerisch auf den Boden und auf die Gesundheit der Pflanzen aus. Rückstände von giftigen Pestiziden sammeln sich im menschlichen Körper an, wenn sie über die Nahrungsmittel aufgenommen werden. Sie landen außerdem im Grundwasser, von wo aus sie sich überall in der Natur verbreiten. Weltweit werden jedes Jahr mehr als 10 Millionen Kilo an Pestiziden verbraucht.

Qualitativ hochwertige Lebensmittel aus kontrolliert-biologischem Anbau (kbA) sind nicht nur bei ihrem Anbau frei von Chemikalien geblieben. Auch nach ihrer Ernte werden sie nicht bestrahlt. Um als Bio-Nahrungsmittel auch offiziell zertifiziert zu werden, müssen die Zutaten in Böden gewachsen sein, die nachweislich keinerlei Schwermetallbelastung aufweisen. Es gibt wissenschaftliche Nachweise, dass die Ansammlung der oben erwähnten giftigen Substanzen in unserem Körper zu einer Reihe von gesundheitlichen Problemen führen kann, wie z.B. schlechte Abwehrkräfte, Krebs, Allergien, Autoimmunkrankheiten, Unfruchtbarkeit und Geburtsfehler.. Jährlich leiden fast fünf Millionen Menschen an den Folgen von Vergiftung durch Pestizide. Darüber hinaus sterben 10 000 Menschen durch Pestizidvergiftung. Studien haben gezeigt, dass die Lebensdauer von Bauern aus der konventionellen Landwirtschaft signifikant kürzer ist als die von Öko-Bauern.

Derzeit werden viele konventionelle und kommerzielle Nahrungsmittel genetisch verändert. Gentechnisch veränderte Nahrungsmittel (GVNs) stellen eine große Bedrohung sowohl für den Menschen an sich, als auch für das gesamte Ökosystem dar. Viele Tierarten, wie z.B. bestimmte Schmetterlingsarten, sind durch GVNs vom Aussterben bedroht. Für Vegetarier stellen GVNs ein ganz anderes Problem dar, da sie häufig von tierischer DNA abstammen. Viele GVN-Experten vermuten, dass gentechnisch veränderte Nahrungsmittel langfristig die menschliche DNA verändern werden. Da GVNs allerdings noch nicht so lange existieren, sind die Langzeiteffekte bisher unbekannt.

In Indien und anderen Entwicklungsländern unterstützen westliche GVN/Pestizid-Konzerne massiv den exzessiven Einsatz von Chemie in der Landwirtschaft. Dies führt zur Ausbeutung der Böden und zu starker Wasserverschmutzung. Viele Insekten entwickeln eine Resistenz gegen Pestizide und manchmal können selbst größte Mengen davon nichts mehr gegen sie ausrichten. Aus diesem Grund haben die Bauern nur kleine oder gar keine Ernten, und das oft mehrere Jahre hintereinander. Da sie sich aber bei den Chemie-Konzernen hoch verschuldet haben, macht sich unter den Bauern Hoffnungslosigkeit breit. Zum großen Leid vieler Familien haben unzählige Bauern in Indien bereits Selbstmord begangen, indem sie ihre Pestizide tranken. Amma war sehr besorgt über dieses Problem und arbeitet daran, den Bauern und ihren Familien zu helfen. Wenn wir kontrolliert-biologische und gentechnisch unveränderte Nahrungsmittel kaufen, können auch wir unseren Beitrag dazu leisten, dass diese Tragödie ein Ende findet.

Zu guter Letzt haben Lebensmittel aus kbA einen viel höheren Nährwert als jene aus konventionellem Anbau, so dass der Käufer mehr für sein Geld bekommt. Viele sind auch der Ansicht, dass Bio-Nahrungsmittel besser schmecken. Sie haben einen höheren Gehalt an Lebenskraft (*Prana*) als konventionelle Produkte. Dies zeigt, dass das Essen von Bio-Lebensmitteln einen zentralen Schritt hin zu individueller und globaler Gesundheit darstellt.

Wasser: Der Quell des Lebens

Wasser ist lebensnotwendig. Unser Körper besteht zu 80 Prozent aus Wasser. Wie wichtig es ist, auf die Flüssigkeitsversorgung zu achten, kann man sehen, wenn man eine frische Frucht mit einer getrockneten vergleicht – der einzige Unterschied besteht in der Flüssigkeit. Ohne ausreichende Wasserversorgung wird der Körper trocken, steif und unbeweglich. Wasser transportiert Sauerstoff, Nährstoffe und Leben in unsere Zellen. Menschen können für längere Zeit ohne Essen, aber nur sehr kurz ohne Trinken überleben. Wenn wir Durst bekommen, ist unser Körper bereits ziemlich ausgetrocknet. Daher ist es eine gute Angewohnheit, tagsüber regelmäßig Wasser zu trinken. Das bringt Energie, Vitalität und Frische.

Um eine ausreichende Flüssigkeitsversorgung zu gewährleisten sollten mindestens 2-3 Liter Wasser pro Tag getrunken werden. Durst wird oftmals mit Hunger verwechselt. Scheinbare Hungergefühle werden meistens schon alleine durch das Trinken von Wasser gestillt. Ohne ausreichende Flüssigkeit können die Nährstoffe aus der Nahrung vom Körper nicht richtig aufgenommen und Giftstoffe nicht vollständig ausgeschieden werden. Darüber hinaus ist Wassermangel einer der Hauptgründe für Verstopfung.

Es sollte nur reines Quellwasser oder gefiltertes Wasser getrunken werden. Durch die Zugabe von EM-X Keramikpipes oder durch das Schütteln der Wasserflasche wird das Wasser mit Sauerstoff angereichert. Dadurch werden seine Molekülstrukturen wieder aufgebaut und das Blut und die Lymphe durch die Sauerstoffzufuhr energetisiert. Das gewöhnliche Leitungswasser ist meistens verschmutzt oder mit schädlichen Chemikalien behandelt, welche Mineralien aus Knochen und Blut ziehen. Diese chemischen Stoffe können schwere gesundheitliche Probleme, wie z.B. Störungen des Immunsystems, neurologische Störungen, Osteoporose, Übelkeit und Übersäuerung verursachen. Das Trinken aus Plastikflaschen sollte ebenfalls vermieden werden, da das Plastik krebserregende Substanzen enthält, die in das Wasser übergehen.

Nahrung aktivieren und revitalisieren

Auch wenn es nicht immer möglich ist, an Bio-Lebensmittel und reines Wasser zu gelangen, lässt sich minderwertigere Nahrung dennoch revitalisieren, und zwar indem man beim Kochen und vor dem Essen Mantren rezitiert. Es ist sogar wissenschaftlich nachgewiesen, dass das Rezitieren von Mantren und Beten die Nahrung und das Wasser physikalisch regeneriert. Dr. Masaru Emoto, ein japanischer Wissenschaftler, hat gezeigt, wie Mantren, Dankbarkeit und eine liebevolle Haltung sofort die molekulare Struktur des Wassers verändern. Dies gilt auch für Pflanzen und Nahrungsmittel.

Verbreitete Nahrungsmittelallergien

Eine überraschend große Anzahl von gesundheitlichen Beschwerden wird von Nahrungsmittelallergien und -unverträglichkeiten hervorgerufen. Am weitesten verbreitet sind Allergien gegen Weizen, Zucker und Milch. Allein schon die Vermeidung dieser Nahrungsmittel kann bereits viele Beschwerden lindern. Um eine Allergie oder Unverträglichkeit von bestimmten Nahrungsmitteln herauszufinden, streicht man einfach die vermutete Substanz für zehn Tage von seinem Speiseplan. Anschließend nimmt man sie wieder zu sich und beobachtet, ob dies irgendwelche körperliche Auswirkungen hat. Gewöhnliche Allergietests und die ayurvedische Pulsdiagnose sind ebenfalls gut dazu geeignet, Nahrungsmittelallergien herauszufinden. Manchmal hängen die Unverträglichkeiten auch mit der Menge der Nahrungsaufnahme zusammen. So können manche Menschen kleine Mengen an Weizen gut vertragen. Wenn sie jedoch große Mengen davon zu sich nehmen, bekommen sie Verdauungsstörungen.

Eine Candida-Pilzinfektion steht ebenfalls häufig in Zusammenhang mit Nahrungsmittelallergien. Sie resultiert aus dem übermäßigen Wachstum des Hefepilzes Candida Albicans, der an sich ein natürlicher Bestandteil der Darmflora

ist. Dieses übermäßige Wachstum wird durch eine Ernährung verursacht, die hauptsächlich aus raffiniertem Zucker, Kohlenhydraten und Hefe besteht. Antibiotika, Alkohol, Stress und bestimmte Medikamente, wie z.B. die Antibaby-Pille, können ebenfalls dazu führen. Die Candida-Infektion verursacht zahlreiche Störungen der Verdauung, des Immunsystems, des Nervensystems und noch vieler anderer Bereiche. Die Symptome äußern sich u.a. in Müdigkeit, Verdauungsproblemen, Kopfschmerzen, Ausschlägen im Vaginalbereich und Abwehrschwäche.

Weizen

Bei der Hälfte aller Menschen besteht eine Allergie oder Unverträglichkeit gegen Weizen. Der Körper kann in diesem Fall den Weizen nicht richtig aufnehmen und verarbeiten und entwickelt Symptome wie Kopfschmerzen, Völlegefühl, Durchfall, Verstopfung, Müdigkeit, Hautjucken, Arthritis, Brustschmerzen, Depressionen, Stimmungsschwankungen, Hautausschläge, Schwindelgefühle, Muskel- und Gelenkschmerzen, Übelkeit, Erbrechen, Herzrhythmusstörungen, Psoriasis, Schnupfen, Husten, Hals- oder Zungenschwellungen, Einschlafstörungen oder Probleme beim Aufwachen,, Fließschnupfen, wässrige oder juckende Augen und Konzentrationsstörungen.

Krankheiten und Beschwerden, die in direkten Zusammenhang mit Weizen-Allergien/Unverträglichkeiten gebracht werden, sind Arthritis, Arteriosklerose, Alzheimer, Parkinson, Reizdarmsyndrom, Darmkrebs, Gebärmutterkrebs, Brustkrebs, Lymphdrüsenkrebs, Herzkrankheiten, Morbus Crohn, Gicht, Bluthochdruck und Sodbrennen.

Für diejenigen, die keine Unverträglichkeit von Weizen und auch keine Candida-Infektion aufweisen, hat dieses Getreide einen hohen Nährwert. Es ist eine der nahrhaftesten aller Getreidesorten. Es unterstützt den Muskelaufbau und stellt Energie für körperliche Anstrengungen zu Verfügung. Weizen wird am besten in Form von Sprossen oder Chapatis gegessen. Er mindert Vata, da er das Gemüt beruhigt und das Herz stärkt. Er hilft auch ausgezeichnet bei Schlaflosigkeit. Da Weizen hauptsächlich aus dem Erd-Element (Kapha) zusammengesetzt ist, sollten Menschen mit zuviel Kapha ihren Weizen-Konsum auf ein Minimum reduzieren. Er sollte ebenfalls nur eingeschränkt genossen werden, wenn der Körper viele Toxine angesammelt hat und wenn sich eine Erkältung oder Verstopfung ankündigt.

Alternativen zu Weizen:

Es gibt inzwischen viele weizen- oder glutenfreie Brote z.B. aus Dinkel oder Hirse. Dinkel- und Reisnudeln bieten eine wunderbare Alternative zu gewöhnlichen Nudeln und es gibt viele Getreidesorten, wie z.B. Hafer und Quinoa, die äußerst nahrhaft sind. In Indien sind *dosa, ootapam* und *idli* gute Alternativen.

Zucker

Die Unverträglichkeit von raffiniertem/weißem Zucker ist sehr verbreitet und äußert sich in chronischer Müdigkeit, Depressionen, Stimmungsschwankungen, Verhaltens- und Lernstörungen, Konzentrationsschwäche, Verdauungsschwierigkeiten und Kopfschmerzen. Man wird oft süchtig nach den Nahrungsmitteln, die man am schlechtesten verträgt. Dies ist bei Zucker häufig der Fall und führt zu Ess-Anfällen.

Raffinierter Zucker beeinflusst die Gesundheit auch noch auf andere Weise, nicht nur durch die Unverträglichkeitsreaktionen. Er verfügt über keinerlei Nährwert. Zucker ist zwar eine Energiequelle, besitzt jedoch keinerlei Vitamine oder Mineralien. Es ist sogar so, dass der Körper, um weißen Zucker zu verdauen, seine eigenen

Vitamin- und Mineralstoffreserven angreifen muss, da er dazu vor allem Kalium, Magnesium, Kalzium und B-Vitamine benötigt. Wenn große Mengen an raffiniertem Zucker gegessen werden, kann dies zu Nährstoffmangel führen. Eine erhöhte Zufuhr von weißem Zucker steht in Verbindung mit dem Entstehen von Übergewicht, Diabetes, Verspannungen und kardiovaskulären Störungen. Weltweit verbreiten sich diese Krankheiten immer mehr und bereits junge Menschen sind davon betroffen. Außerdem verursacht Zucker Zahnverfall. Der Konsum von großen Mengen raffinierten Zuckers hat einen negativen Einfluss auf die Darmflora und führt zu einem Ungleichgewicht, was wiederum eine Candida-Infektion nach sich ziehen kann. Schon vor vielen Jahrhunderten haben Naturärzte die Verbindung zwischen gesunden Verdauungsorganen und einem gesunden Körper erkannt, die ja nun auch wissenschaftlich bestätig wird. Es wurde ein direkter Zusammenhang zwischen einer gesunden Darmflora und dem Immunsystem festgestellt.

Die meisten Menschen essen weit mehr weißen Zucker, als der Körper zur Energieversorgung benötigt. In den USA werden jährlich im Durchschnitt 260 Kilo raffinierten Zuckers pro Person verbraucht. Dies bedeutet, dass jeder Mensch ca. 170 Gramm Zucker täglich konsumiert. Oftmals sind sich die Verbraucher nicht der großen Mengen weißen Zuckers bewusst, der in fertig abgepackten Nahrungsmitteln versteckt ist.

Alternativen zu weißem Zucker:

Im Ayurveda wird roher Rohrzucker verwendet, um den Körper zu erfrischen, zu beleben und zu stärken. Er ist häufiger Bestandteil ayurvedischer Arzneimittel, wie z.B. *Chayawanprash.*

Jaggery: Qualitativ hochwertiger Jaggery ist ein hervorragender Zucker-Ersatz, da er viele leicht-verdauliche Mineralien enthält und den Blutzucker nicht so stark in die Höhe treibt wie weißer Zucker. Jaggery wird auch von Leber und Milz viel besser vertragen.

Stevia: Stevia ist das perfekte Süßungsmittel, da es viele Nährstoffe enthält. In Untersuchungen konnte nachgewiesen werden, dass es sogar einen harmonisierenden Einfluss auf die Blutzuckerwerte bei Diabetes hat.

Früchte: Natürlicher Fruchtzucker ist ebenfalls viel besser als weißer Zucker. Er führt jedoch auch zu einem starken Anstieg des Blutzuckers.

Daher sollte man bei einem starken Candida-Befall nicht zu viel davon zu sich nehmen.

Roher Rohrzucker: Naturbelassen enthält er viele wertvolle Mineralien und hat einen positiven Effekt auf Leber, Milz und Pankreas. Doch auch von rohem Rohrzucker sollte man bei einem starken Candida-Befall nicht zu viel essen.

Dattel-Zucker/Malz: Beide enthalten wertvolle Nährstoffe wie z.B. Eisen.

Honig: Beides enthält zahlreiche Nährstoffe und unterstützt die Nahrungsaufnahme. Im Ayurveda heißt es, dass Honig niemals gekocht werden sollte. Gekochter Honig wird zu einer extrem klebrigen Substanz, die sich über die Schleimhäute legt und dadurch die groben und feinen Kanäle verstopft. Dies wiederum produziert Giftstoffe. Roher Honig hingegen wird im Ayurveda als *Amrita* (Nektar) bezeichnet.

Künstliche Süßstoffe sind kein guter Zucker-Ersatz. Laboruntersuchungen haben gezeigt, dass sie letztlich nichts anderes als krebserregende Nervengifte sind.

Milch und Milchprodukte

Mindestens ein Fünftel aller Menschen leidet unter Laktoseintoleranz. Diese führt zu ähnlichen

Symptomen wie Weizen- oder Zucker-Unverträg-
lichkeit. Wenn man nicht unter Laktoseintoleranz
leidet ist rohe, nicht homogenisierte, nicht-pasteurisierte Bio-Milch sehr gut für die Gesundheit.
Milch stellt an sich kein Problem dar. Ihre stark
verarbeitete Form jedoch bringt den menschlichen
Körper aus dem Gleichgewicht.

Im Ayurveda wurde Milch traditionellerweise
als ein vollkommenes Nahrungsmittel angesehen.
Die Yogis und Rishis benutzten sie täglich zur Stei-
gerung ihrer Gesundheit. Leider ist reine und qualitativ hochwertige Milch nur schwer zu finden.
Früher konnten die Kühe sich noch frei bewegen,
hatten frische Luft zum Atmen und frisches Gras
zum Fressen, genossen den Sonnenschein und
wurden mit Liebe und Respekt behandelt.

Heutzutage verbringen die allermeisten Kühe
ihr gesamtes Leben eingesperrt in kleinen Boxen
und werden mit Hormonen und Antibiotika
vollgepumpt, damit sie rasch größer werden und
mehr Milch produzieren. Wenn sie nicht länger
zur Milchproduktion taugen, wandern die meisten
Milchkühe ins Schlachthaus.

Viele Firmen verwenden inzwischen riesige
Mengen an Wachstumshormonen und Antibiotika für ihre Kühe und manche verwenden diese

traurige Tatsache sogar, um damit Werbung für sich zu machen. Dies zeigt, wie groß ihre Ignoranz sein muss. Kommerziell produzierte Milch wird mit der steigenden Resistenz gegen Antibiotika in Verbindung gebracht. Die Auswirkungen der verabreichten Wachstumshormone auf den Menschen sind bislang noch unbekannt. Es gibt jedoch Hinweise darauf, dass sie einen negativen Effekt auf das Immunsystem, das Hormonsystem und das Nervensystem haben. Sie werden außerdem mit dem verstärkten Auftreten von bestimmten Krebsarten, vor allem Brustkrebs, in Verbindung gebracht.

Das Pasteurisieren ist ein Sterilisations-Vorgang, bei dem Substanzen unter hohen Temperaturen erhitzt werden, um potenziell schädliche Bakterien zu vernichten. Das Homogenisieren verlängert die Haltbarkeit, so dass die Milch ein längeres Mindesthaltbarkeitsdatum hat. Durch diese Behandlung gehen wertvolle Vitamine verloren und die chemische Struktur der Milch verändert sich. Im Ayurveda heißt es, dass durch das Pasteurisieren die Enzyme der Milch zerstört werden. Dadurch wird die Milch schwerer verdaulich und die Giftstoffe im Darm vermehren sich.

Das Homogenisieren wurde im Jahre 1932 eingeführt. Bei diesem Vorgang wird die Milch unter einem Druck von 275 Bar und einer Geschwindigkeit von 200 Metern in der Sekunde durch eine Membran mit extrem kleinen Löchern gepresst. Dies bricht die Fettzellen auf und macht sie zu einer feinen Lösung. Der Körper ist nicht in der Lage, die Milch in dieser Form richtig zu assimilieren oder zu verwenden. Das Fett wird in den Arterien abgelagert, wo es dann zu Arteriosklerose kommt. Wenn diese „Arterienverkalkung" weiter fortschreitet, kann sie zu Herzinfarkt und Schlaganfällen führen. Studien haben gezeigt, dass die unverdauten Moleküle der homogenisierten Milch zu Prostatavergrößerung und Krebs führen können. Entrahmte und fettarme Milch sind da keine Ausnahmen. Das Pasteurisieren und Homogenisieren verändert immer die chemische Struktur der Milch.

Aufgrund all dieser Faktoren können kommerzielle Milchprodukte zahlreiche Probleme, wie z.B. Übersäuerung, Krampfneigung, Völlegefühl, Blähungen, verstopfte Nase, Schleimbildung im Darm und viele andere Symptome, hervorrufen. Daher verwendet man am besten ausschließlich nicht homogenisierte, nicht-pasteurisierte

Bio-Milchprodukte von Kühen, die mit Liebe behandelt wurden.

Gesunde Milchprodukte und Alternativen zur Milch:

Rohe Milch ist viel leichter verdaulich als homogenisierte. Sie versorgt die Zellfasern, Knochen und Haare mit wichtigen Nährstoffen. Eine gute Alternative zu homogenisierter Milch ist hormon- und antibiotikafreie Kuh-, Ziegen- oder Schafsmilch, die man selbst eine Minute lang kocht, um sie zu sterilisieren, ohne dabei allerdings allzu viele wertvolle Nährstoffe zu zerstören. Rohe Milch kann außerdem zu gesünderem Käse oder Jogurt verarbeitet werden.

Eine mögliche Alternative für Menschen mit Laktoseintoleranz sind Ziegen- oder Schafsmilchprodukte. Sie enthalten viel geringere Mengen an Laktose. In Maßen genossen sind sie oftmals leichter verdaulich als Kuhmilchprodukte.

Bevor das Homogenisieren entwickelt wurde, war Milch in vielen Kulturkreisen ein wichtiges Grundnahrungsmittel. Der Genuss von naturbelassener Milch ist sehr gesund für den Körper. Allerdings muss man im Ayurveda dabei das

individuelle Dosha berücksichtigen (siehe die
Ausführungen zu den Doshas weiter oben).

Auf der ganzen Welt finden sich immer mehr
Alternativen zu Milch. Reismilch, Hanfmilch,
Mandelmilch, Hafermilch und Haselnussmilch
werden als Milchalternativen hergestellt. Sie sind
für Menschen mit Laktoseintoleranz sehr gut
geeignet. Sojamilch ist zwar weiter verbreitet als
andere Milch-Alternativen, sollte jedoch mit Vorsicht genossen werden. Viele Menschen können
Sojaprodukte nur schwer verdauen. Es gibt auch
Alternativen zu Jogurt und Käse.

Ghee ist ungesalzene Butter, die so lange
gekocht wird, bis alle Unreinheiten aus ihr entfernt
sind. Es kann bei Zimmertemperatur gelagert
werden. Ghee baut alle *Dhatus* (Fasern) auf, hilft
bei der Nahrungsaufnahme und –assimilation,
belebt das Nervensystem und macht Muskeln
und Gelenke geschmeidig. Außerdem vermehrt
es die Verdauungsenzyme und hat einen positiven
Effekt auf die Leber. Ghee ist eine sehr gesunde
Form von Fett, da es kein Cholesterin enthält und
den Aufbau von HDL (gesundes Cholesterin)
unterstützt. Im Gegensatz zu den meisten Ölen
kann Ghee längere Zeit erhitzt werden, ohne dass
dabei freie Radikale entstehen. Ghee kann zum

Kochen verwendet werden. Es wird auch häufig als Trägersubstanz für ayurvedische Medikamente verwendet, da es Nährstoffe tiefer ins Gewebe bringt.

Was ist denn das da auf deinem Teller?

Da gesundheitliche Probleme und Krankheiten immer weiter zunehmen, haben viele Menschen das Bedürfnis, etwas an ihrem Essverhalten zu ändern. Es gibt zahlreiche „Lebensmittel", die weit verbreitet sind und täglich konsumiert werden, jedoch massiv zur Schädigung unserer Gesundheit beitragen – und zwar auf körperlicher, mentaler, emotionaler und spiritueller Ebene. Das Ziel dieses Kapitels ist, die Bewusstheit zu steigern, so dass eine gute Wahl bezüglich des Treibstoffes (Essen) getroffen werden kann, mit dem man sein Gefährt (den Körper) auftankt.

Im Folgenden nun eine Liste von Substanzen, die einen sehr negativen Einfluss auf unsere Gesundheit und Lebensdauer haben:
• verarbeitetes Salz
• Koffein
• verarbeitete Nahrungsmittel

- fettiges Essen
- frittiertes Essen
- ballaststoffarmes Essen
- chemische Zusätze/Konservierungsmittel
- kohlensäurehaltige und stark verarbeitete Getränke
- Alkohol

Salz: Ayurveda lehrt, dass Salz Pitta und Kapha steigert, Vata hingegen verringert. Kleine Mengen an Salz erhöhen den Appetit und den Geschmack. Im Übermaß verstärkt es jedoch alles Doshas, überhitzt die Nerven und schwächt die Verdauung. Im Allgemeinen nehmen die meisten Menschen viel zu große Mengen an Salz zu sich. Dies geschieht vor allem in Form von anorganischem Natriumchlorid. Salz ist – wie Zucker auch – in vielen stark verarbeiteten Nahrungsmitteln enthalten. Es ist hochgradig suchterzeugend und kann bei übermäßigem Verzehr zu folgenden Kapha-Symptomen führen: Bluthochdruck, Knochenerweichung, Schwächung der Nieren, Wasseransammlungen, Arterienverkalkung und Lungen- bzw. Bronchienleiden.

Gesunde Formen von Salz sind z.B. Bio-Meersalz, Steinsalz, flüssige Aminosäuren und Himalaya-Salz, da sie alle wasserlösliche Mineralien enthalten, die gut vom Körper aufgenommen werden können. Meeresalgen bzw. Seetang sind ebenfalls eine hervorragende Salz-Quelle, da sie voller Spurenelemente und Ionenteilchen sind. Sie geben dem Essen einen salzigen Geschmack und wirken gleichzeitig basisch, sauerstoffanreichernd und mineralisierend auf das Blut und den Körper. Algen helfen außerdem bei der Ausscheidung von Schwermetallen und Chemikalien aus dem Körper. Alle Algen- und Seetang-Arten sind sehr gesund: Dulse, Arame, Hijiki, Wakame und Kombu können in den meisten Bioläden, Reformhäusern oder Asien-Läden gekauft werden. Eine andere gute Alternative ist Miso, das dem Essen einen salzigen Geschmack verleiht, die Verdauung fördert und einen basischen Effekt auf den Körper hat.

Koffein: Koffein ist in Tee, Kaffee, Schokolade und Cola enthalten. Viele Menschen vertragen Koffein nicht gut und werden süchtig danach. Weit verbreitete Symptome dessen sind: Chronische Müdigkeit, Anspannung, Herzrhythmusstörungen, Stress, Angst, Stimmungsschwankungen, Nervosität, Ärger, Schlaflosigkeit, Übelkeit, Verdauungsstörungen, Verstopfung, Durchfall und Leber-/Nierenprobleme. Koffein ist eine Stimulanz, deren häufiger Gebrauch meistens die körperlichen Reserven aufbraucht und dadurch die Adrenalindrüsen, das Nervensystem und das Immunsystem schwächt. Ein übermäßiger Konsum kann zu Osteoporose und anderen Mangelerscheinungen führen. Koffein wird am besten ganz vermieden, vor allem wenn man unter gesundheitlichen Problemen leidet oder sehr sensibel ist.

Kaffee kann mehr Probleme als schwarzer Tee verursachen, da er viel mehr Koffein und auch noch andere schädliche Substanzen, wie z.B. Methyl-Xantin enthält, das den Magen schädigen kann und gute Darmbakterien zerstört. Qualitativ hochwertiger Tee, der in Maßen getrunken wird, kann unter bestimmten Bedingungen manchmal einen positiven Einfluss auf die Gesundheit haben. Im Übermaß genossen verhindert er jedoch die Aufnahme von Eisen, Kalzium und Zink aus der Nahrung, vor allem, wenn er zu den Mahlzeiten getrunken wird. Schwarzer Tee sollte vor allem von Vata- und Pitta-Typen vermieden werden, die unter einem schwachen Nervensystem, Leberproblemen, Schlaflosigkeit, ADS/ADHS und Hyperaktivität leiden.

Kaffee und schwarzer Tee können leicht durch grünen Tee ersetzt werden. Grüner Tee enthält viele Antioxidantien und vermindert bestimmte Infektionen und Krebsarten. Matetee, ein Kräutertee aus Südafrika, ist ebenfalls ein sehr guter Ersatz. Auch wenn er etwas Koffein enthält, beeinflusst er das Nerven- und Verdauungssystem jedoch nicht in dem Maße wie Kaffee. Matetee enthält 24 Vitamine und Mineralien, 15 verschiedene Aminosäuren, zahlreiche Antioxidantien und Chlorophyll. Getreidekaffee, der z.B. aus Zichorie oder Löwenzahnwurzel besteht, kann ebenfalls ein guter Kaffee-Ersatz sein, da er vom Geschmack her sehr ähnlich ist, aber kein Koffein enthält. Viele natürliche Kräutertees haben einen gesundheitsfördernden Effekt und sind koffeinfrei.

Eine sehr gute Alternative zu Schokolade ist Kakao oder Schokolade in ihrer rohen, unverarbeiteten Form. Kakao ist der Same einer Frucht, die an einem Baum namens „Theobroma" wächst, was so viel bedeutet wie „die Nahrung der Götter". Kakaobohnen enthalten keinen Zucker und sind sehr reich an Nährstoffen. Wenn Kakao zu Schokolade verarbeitet und dabei mit Zucker und Milch gemischt wird, verliert er viele seiner positiven Eigenschaften. In seiner rohen Form ist Kakao voller Antioxidantien, B-Vitamine und Magnesium, was eine harmonisierende Wirkung auf Stoffwechselvorgänge im Gehirn hat und zu einem stabilen Knochenbau beiträgt. Schokolade enthält deutlich weniger Koffein als Kaffee, Kakao sogar noch weniger. Untersuchungen haben gezeigt, dass roher Kakao stimmungsaufhellende Wirkung hat.

Verarbeitete Nahrungsmittel: Verarbeiteten Nahrungsmitteln, wie z.B. weißem Mehl und weißem Reis, mangelt es an Vitaminen und Mineralien.

Beim Schälen von Weizen bzw. Reis gehen viele Nährstoffe verloren. Die Verwendung dieser stark verarbeiteten Lebensmittel wäscht B-Vitamine aus dem Körper, was zu Müdigkeit führt. Sie schwächen außerdem die Knochen, erhöhen den Blutzuckerspiegel und verursachen aufgrund ihrer mangelnden Ballaststoffe Verstopfung. Unverarbeitete und ganzheitliche Nahrungsmittel sind immer die nahrhaftere Alternative.

Fetthaltige Nahrungsmittel: Der menschliche Körper benötigt eine bestimmte Menge gesunder Fette, um ein natürliches Gleichgewicht zu erhalten. Fette können dem Körper doppelt so viel Energie wie Kohlenhydrate geben und werden bei der Aufnahme bestimmter Vitamine benötigt (Vitamin A, D, E, K). Essentielle Fettsäuren spielen eine wichtige Rolle für die Gesundheit. Gesättigte Fette kommen in tierischen Lebensmitteln und Kokosnüssen vor. Im Übermaß genossen können tierische Fette zu erhöhten Cholesterinwerten, Herzkrankheiten, Venenkrankheiten und Übergewicht führen. Mehrfach ungesättigte Fettsäuren sind pflanzlichen Ursprungs und haben in angemessenen Mengen einen sehr gesundheitsfördernden Einfluss. Im Übermaß können sie jedoch die gleichen Probleme verursachen wie gesättigte Fettsäuren, von denen die einfach-gesättigten Fettsäuren die gesündesten sind.

Hydrogenisierte Fette sind Öle, die so verarbeitet wurden, dass sie länger haltbar sind. Sie werden bei Zimmertemperatur fest und sind oft in Margarine, Fertigprodukten und frittiertem Essen enthalten. Sie sind sehr giftig, weil sie den Cholesterinspiegel noch extremer in die Höhe treiben als gesättigte Fettsäuren und freie Radikale im Körper produzieren. Freie Radikale sind instabile Sauerstoff-Moleküle, die zusammen mit freien Elektronen auftreten. Sie sind hochgradig reaktiv und verursachen eine große Zerstörung in unserem Körper, vor allem in der Zellstruktur, d.h. den Membranen, Fetten, Proteinen, der DNA und der RNA. Sie tragen maßgeblich zur Entwicklung von Krebs, Herzkrankheiten, Arthritis, Rheuma, Gicht, Gehirnerweichung, Parkinson, Alzheimer und Demenz bei. Freie Radikale verstärken den Alterungsprozess des Körpers. Sie sind gewissermaßen die Gegenspieler von frischem Obst, Kräutern und Gemüse.

Die gesündesten Fettarten sind Kokosnussöl, Ghee, qualitativ hochwertiges Gemüse-Öl und Öl, das reich an essentiellen Fettsäuren ist, wie z.B. Hanföl, Leinöl und Nachtkerzenöl. Wer unter einem schwachen Verdauungsfeuer leidet, erhöhte Cholesterinwerte hat oder kaphamäßige Symptome aufweist, sollte so wenig Öl wie möglich zu sich nehmen.

Frittiertes Essen: Frittiertes Essen wird meistens bei sehr hohen Temperaturen und in qualitativ minderwertigem Öl gekocht. Das Frittier-Öl ist oftmals hydrogenisiert und daher sehr schädlich für den Körper, wie bereits erläutert wurde. Frittierte Nahrungsmittel können außerdem das Körpergewicht und die Cholesterinwerte erhöhen. Dies wiederum führt zu Herzinfarkten und Schlaganfällen. Beim Frittieren werden Nährstoffe zerstört, was zu Unverdaulichkeit, Verstopfung,

Magenübersäuerung und zahlreichen anderen Verdauungsbeschwerden führt. Am besten vermeidet man frittiertes Essen, vor allem, wenn Rapsöl, Distelöl, Sojaöl oder Erdnussöl verwendet wurde, da diese Öle schneller ranzig und krebserregend werden als andere. Am günstigsten ist es, Ghee zum Frittieren zu verwenden, da es beim Erhitzen keinen gifterzeugenden Veränderungen unterworfen ist.

Ballaststoffarme Nahrungsmittel: Ballaststoffe spielen eine wichtige Rolle für die Ernährung. Sie senken den Cholesterinwert, haben eine ausgleichende Wirkung auf den Blutzuckerspiegel, senken den Blutdruck, beugen Verstopfung vor, helfen bei der Gewichtsabnahme und vermindern die Giftbelastung des Körpers. Offiziell wird empfohlen, täglich zwischen dreißig und vierzig Gramm davon zu sich zu nehmen.

Ballaststoffarme Nahrungsmittel: Brot aus Weißmehl, klare Suppen, Kuchen, Kartoffelchips, Nudeln, Fruchtsaft, alle tierischen Erzeugnisse, raffinierter Zucker, Eier, Pizza, Eis, Nudelgerichte, weißer Reis, Weißmehl, Milch und Fette.

Ballaststoffreiche Nahrungsmittel: Vollkorn-Getreide, Weizen (besonders als Sprossen), Hafer, Mais, Gerste, Hirse, Quinoa, Basmati-Reis, brauner Reis, alle Bohnenarten, fast alle Gemüsesorten und die meisten Früchte.

Chemische Zusatzstoffe/Konservierungsmittel:
Chemische Zusatzstoffe kommen in fast allen Nahrungsmitteln vor. Chemische Zusatzstoffe werden in so ziemlich allen nicht-biologisch angebauten Nahrungsmitteln als Konservierungsmittel, Füllstoffe, Emulgatoren, Neutralisierungsmittel, Trennmittel, Stabilisatoren, Geschmacksstoffe und Farbstoffe verwendet. Sie haben ein breites Spektrum an möglichen negativen Effekten auf den Körper, wie z.B. Allergien, Asthma, Unverträglichkeiten, Kreislaufschock, Migräne, Verhaltensstörungen, ADS/ADHS, Magen-Darm-Störungen, Blähungen, Durchfall und Krebs.

Viele chemische Zusatzstoffe, wie z.B. Butyl-Hydroxy-Anisol (BHA) und Butyl-Hydroxy-Toluol (BHT) sind Antioxidantien, die im Nerven- und Immunsystem Giftstoffe produzieren. Rot Nr. 2 und 40 und Gelb Nr. 5 sind krebserregende Farbstoffe. Geschmacksverstärker, wie z.B. Mononatriumglutamat, manchmal auch „Chinesisches Salz" genannt, wird inzwischen auf den Etiketten hinter dem Namen „Geschmacksstoffe" oder gar „natürliche Geschmacksstoffe" versteckt. Glutamat hat bereits zu Todesfällen im Zusammenhang mit dem Auftreten von plötzlichen allergischen Schocks geführt. Um eine gute Gesundheit zu erhalten ist es am besten, natürliche Nahrungsmittel zu konsumieren, die keinerlei chemische Zusatzstoffe enthalten.

Limonadengetränke/Energiedrinks: Limonadengetränke (Cola, Fanta, etc.) und Energiedrinks sind oftmals voller Koffein und raffiniertem Zucker. Der durchschnittliche US-Amerikaner trinkt davon schätzungsweise 200 Liter pro Jahr. 56% aller 8-jährigen US-Amerikaner trinken sie täglich und etwa ein Drittel aller Teenager trinkt mindestens drei Dosen Cola/Fanta/Sprite etc. pro Tag. Eine einzige Dose davon enthält 12 Löffel Zucker.

Sogar Diät-Drinks und solche ohne Koffein können giftige Substanzen enthalten. Phosphorsäure und Aspartam sind ganz normale Inhaltsstoffe dieser Sprudelgetränke. Phosphorsäure reagiert mit der Fähigkeit des Körpers, Kalzium zu verwenden, was wiederum zu Osteoporose und zur Erweichung von Zähnen und Knochen führen kann. Phosphorsäure neutralisiert außerdem die Salzsäure im Magen, was sich insofern auf die Verdauung auswirkt, als es dadurch schwierig

wird, Nährstoffe aus der Nahrung aufzunehmen. Eine Studie zu Knochenbrüchen bei Sportlern im Teenager-Alter, die 1994 in Harvard durchgeführt wurde, stellte einen starken Zusammenhang zwischen dem täglichen Cola-Konsum und Knochenbrüchen bei 14-jährigen Mädchen fest. Diejenigen Mädchen, welche Cola tranken, hatten fünf Mal mehr Knochenbrüche als die Mädchen, die kein Cola tranken.

Aspartam ist eine chemische Substanz, die in Limonaden häufig als Zuckerersatz verwendet wird. Es gibt über 92 Nebenwirkungen, die mit Aspartam in Verbindung gebracht werden, darunter Hirntumore, Geburtsfehler, Diabetes, emotionale Störungen und Epilepsie. Wenn Aspartam längere Zeit gelagert wird oder im Warmen ist, wird es zu Methanol, einem Alkohol, der sich wiederum zu Formaldehyd und Ameisensäure verwandelt – beide sind für ihre krebserregende Wirkung bekannt.

Wissenschaftler haben herausgefunden, dass nur zwei Dosen Limonade die Immunfunktionen des Körpers bis zu fünf Stunden lang unterdrücken. Wissenschaftliche Untersuchungen bewiesen, dass nur ein oder zwei Limonadengetränke pro Tag das Risiko für zahlreiche Krankheiten signifikant erhöhen, z.B. Übergewicht, Diabetes, Karies, Osteoporose, Schlaflosigkeit, ADS/ADHS, Koffeinabhängigkeit, Nährstoffmangel, Herzkrankheiten und viele neurologische Störungen.

Reines Wasser ist das optimale Getränk. Bio-Nahrungsmittelfirmen stellen inzwischen natürliche Sprudelgetränke her, die Kräuterextrakte und natürliche Süßstoffe enthalten. Säfte und Kräutertees sind ebenfalls eine gute Alternative zu stark verarbeiteten Sprudelgetränken.

Alkohol: Im Ayurveda werden bestimmte Arten von Alkohol als Grundlagen bei der Extraktion von medizinischen Wirkstoffen aus Kräutern verwendet. Ein regelmäßiger Alkoholkonsum zu entspannenden Zwecken ist jedoch nicht empfehlenswert, da er alle drei Doshas verstärkt. Alkohol ist hochgradig suchterzeugend und führt im Übermaß zu Depressionen. Er ist extrem schädlich für das Nervensystem und kann zu neurologischen Störungen und Demenz führen. Alkohol wäscht B-Vitamine aus dem Körper, zerstört Leberzellen, führt zu Leberzirrhose und Diabetes, verursacht Entzündungen des Magens, indem er die Magenschleimhäute reizt, und verstärkt eine Candida-Infektion. Er führt zu erhöhtem Blutdruck, senkt die Abwehrkräfte und kann zu verringerter Knochendichte beitragen. Die Folgen von Alkoholkonsum können sein: Müdigkeit, Kopfschmerzen, Übelkeit, Dehydratation und Verstopfung.

Uns ist ein kostbarer menschlicher Körper gegeben, den wir mit gutem Essen stärken und ernähren sollten. Dies wird uns dazu befähigen, anderen Menschen zu dienen, sie zu lieben und das Potenzial unseres Lebens voll auszuschöpfen.

Dharmisches Essen

„Die Ernährung hat einen großen Einfluss auf unseren Charakter. Kinder, ihr solltet

euch darum bemühen, nur einfaches, frisches und vegetarisches Essen (sattvisches Essen) zu euch zu nehmen. Die Natur des Gemüts wird von den subtilen Qualitäten unseres Essens bestimmt. Reine Nahrungsmittel führen zu einem reinen Gemüt. Ohne den Verzicht auf den Geschmack der Zunge kann der Geschmack des Herzens nicht genossen werden."

– Amma

Wenn man den Tieren das Leben rettet, kann dies das eigene Leben retten. Es gibt sehr viele Hinweise darauf, dass vegetarisches/veganes Essen bei weitem am gesündesten ist. Wissenschaftliche Untersuchungen zeigen inzwischen, dass der übermäßige Konsum von Cholesterin und gesättigten Fetten in tierischen Produkten zu Herzkrankheiten und zahlreichen Krebsarten führen kann. Tierische Produkte führen außerdem zu Übergewicht, Diabetes, Anspannung, Arthritis, Gicht, Nierensteinen und zahlreichen anderen Krankheiten. Hinzu kommt, dass in der Landwirtschaft heutzutage riesige Mengen an Hormonen, Antibiotika, chemischen Mastzusätzen und anderen Medikamenten verwendet werden, um den Ertrag und somit den Profit zu erhöhen. Kommerzielle Tierprodukte enthalten hohe Dosen an Herbiziden und Pestiziden. Wenn Menschen tierische Produkte zu sich nehmen, dringen diese Gifte direkt in den Körper ein und schädigen diesen.

Seit 1960 vermuten Wissenschaftler, dass eine Ernährung mit hohem Fleischanteil mit Arteriosklerose und Herzkrankheiten in Verbindung steht. Bereits 1961 wurde im *„Journal of the American Medical Association"* berichtet: "Zwischen 90 und 97% der Herzkrankheiten können durch eine vegetarische Ernährung vermieden werden." Seit dieser Zeit haben mehrere Studien gezeigt, dass das Essen von Fleisch – nach Tabak- und Alkoholkonsum – die Todesursache Nummer Eins in Europa, den USA, Australien und anderen Industrienationen ist.

Der menschliche Körper ist nicht dazu in der Lage, große Mengen tierischer Fette und Cholesterin zu verarbeiten, die sich daher an den Wänden der Arterien ablagern und somit den freien Fluss des Blutes zum Herzen behindern. Dies hat wiederum erhöhten Blutdruck, Herzkrankheiten und Schlaganfälle zur Folge. Die Forschung der vergangenen 20 Jahre weist auf eine Verbindung zwischen Fleischkonsum und Krebsbildung in

Darm, After, Brust und Unterleib hin. Ein Artikel im *„Lancet"*, einer medizinischen Fachzeitschrift aus Großbritannien, berichtet: „Menschen, die in Gebieten mit häufig auftretenden Darmtumoren leben, ernähren sich häufiger von großen Mengen an Fett und tierischem Protein. Andere hingegen, die in Gebieten mit einer geringen Darmkrebsrate leben, weisen häufiger einen vegetarischen Ernährungsstil mit wenig Fett und tierischen Produkten auf."

Warum sind Fleischesser anfälliger für diese Art von Krankheiten? Ein Grund, der von Biologen und Ernährungswissenschaftlern aufgeführt wird, ist, dass der menschliche Verdauungstrakt einfach nicht zur Fleischverdauung geeignet ist. Fleischfressende Tierarten haben kurze Darmpassagen, die dreimal so lang wie der Körper sind. Dadurch kann das sehr schnell verrottende und somit gifterzeugende Fleisch rasch wieder aus dem Körper ausgeschieden werden. Da pflanzliche Nahrungsmittel langsamer zerfallen als Fleisch, haben Pflanzenfresser eine Darmlänge, die dem Sechsfachen ihrer Körperlänge entspricht. Menschen haben den längsten Darm aller Pflanzenfresser.

Ein anderes Problem beim Fleisch ist das der chemischen Verseuchung. Sobald ein Tier geschlachtet wird, beginnt sein Fleisch sich zu zersetzen und nach einigen Tagen wird es faulig grau-grün. Die Fleischindustrie übertüncht diese Verfärbung, indem sie das Fleisch mit Nitriten, Nitraten und anderen Konservierungsmitteln versetzt, so dass es eine leuchtend rote Farbe aufweist. Untersuchungen haben jedoch gezeigt, dass fast alle dieser Konservierungsmittel krebserregend sind. Das Problem wird noch durch die massiven chemischen Zusätze im Tierfutter verstärkt. Gary und Steven Null zeigen uns in ihrem Buch „Poisons in Your Body" (Gifte in deinem Körper) etwas, das jeden zum Nachdenken anregen sollte, bevor er noch mehr Steaks oder Hackfleisch kauft: „Die Tiere werden am Leben erhalten und gemästet, indem man ihnen ständig Beruhigungsmittel, Hormone, Antibiotika und 2700 andere Medikamente zuführt. Dies beginnt bereits vor ihrer Geburt und hält noch lange nach ihrem Tod an. Auch wenn diese Substanzen allesamt noch in dem Fleisch enthalten sind, das man isst, verlangt kein Gesetz, dass sie auf der Packung aufgezählt werden."

Zur Frage der Eiweißversorgung sagt Dr. Paavo Airo, ein führender Spezialist in Ernährung und Biologie: „Die offizielle Empfehlung zur täglichen Aufnahme von Eiweiß hat sich von 150 Gramm vor 20 Jahren auf heute nur noch 45 Gramm gesenkt. Warum? Weil inzwischen herausgefunden wurde, dass wir gar nicht so viel Protein benötigen, dass der eigentliche Tagesbedarf nur zwischen 35 und 45 Gramm liegt. Wenn mehr Eiweiß konsumiert wird, so ist das nicht nur eine Verschwendung, sondern schädigt sogar den Körper, weil ihn die Eiweiß-Verdauung stark belastet. Um 45 Gramm Protein pro Tag zu essen braucht man kein Fleisch. Hierzu reicht eine 100% vegetarische Ernährung mit einer Auswahl an Körnern, Linsen, Nüssen, Gemüse und Früchten vollkommen aus."

Eines der Grundprinzipien des Ayurveda ist *Ahimsa* (Gewaltlosigkeit). Tiere zum Essen zu töten übt dem Tier gegenüber nicht nur Gewalt aus, sondern schadet der Umwelt und all den hungrigen Menschen in der Welt. Es unterstützt weiteres Leiden. Eine überraschend hohe Anzahl von Menschen hält Fisch nicht für Fleisch. Fische sind jedoch Tiere wie alle anderen auch und leiden genauso, wenn sie getötet werden. Wenn ein Tier getötet wird, gelangen Stresshormone und andere Gifte in seinen Körper, die vom Konsumenten mitgegessen und aufgenommen werden. Die negative emotionale Ladung dringt anschließend in das menschliche Bewusstsein ein. Außerdem ist Fleisch etwas Totes. Es enthält keinerlei Prana (Lebenskraft) mehr. Daher erzeugt Fleisch *Tamas* (Dumpfheit/Dunkelheit) in Körper und Gemüt.

Albert Einstein sagte: „Unsere Aufgabe muss es sein, uns selbst zu befreien, indem wir unser Mitgefühl auf alle lebenden Kreaturen und die gesamte Natur und ihre Schönheit ausdehnen. Nichts wird sich so positiv auf die menschliche Gesundheit auswirken und unsere Chancen für ein Überleben so sehr erhöhen wie die Entwicklung zu einer vegetarischen Ernährung."

Im alten indischen Epos *Mahabharata* finden sich zahlreiche Aussagen gegen das Töten von Tieren: „Wer kann grausamer und selbstsüchtiger sein als er, der sein Fleisch durch das Essen des Fleisches unschuldiger Tieren aufbauen will? Wer nach gutem Gedächtnis, Schönheit, langem Leben mit perfekter Gesundheit und körperlicher, moralischer und spiritueller Kraft strebt, sollte sich tierischer Nahrungsmittel enthalten."

Zusätzlich zu den gesundheitlichen und ethischen Bedenken spricht für eine vegetarische/vegane Ernährungsweise, dass diese eine höhere spirituelle Dimension aufweist, die uns dabei helfen kann, unsere natürliche Offenheit und Liebe zu Gott zu entwickeln.

Den Welthunger beenden

„Wer über wahren Glauben und Hingabe an Gott verfügt erkennt Gott in allem, in jedem Baum und Tier, in jedem Aspekt der Natur. Diese Einstellung lässt uns in Harmonie und Einklang mit der Natur leben. Es ist falsch, etwas aus Mangel an Sorgfalt oder Aufmerksamkeit zu verschwenden. Alles wurde für einen bestimmten Zweck geschaffen; alles in der Schöpfung hat seinen bestimmten Zweck."

– Amma

Viele Menschen werden aus ökologischen oder sozio-ökonomischen Gründen Vegetarier. Unsere Mutter Erde verfügt nur über beschränkte Ressourcen, die weise und bewusst verwendet werden müssen. Eine vegetarische Ernährung ist der beste Weg, die Ressourcen der Erde zu erhalten und sparsam mit ihnen umzugehen. Fleisch ernährt wenige auf Kosten von vielen. Um Fleisch zu produzieren wird Getreide an Tiere verfüttert, das stattdessen Menschen satt machen könnte.

Gemäß der Angaben des Landwirtschaftsministeriums der USA wird über 90% des gesamten Getreides, das in Nordamerika produziert wird, als Futter für Masttiere – Kühe, Schweine, Schafe und Hühner – verwendet, die dann auf dem Teller landen. Dabei ist die Verwendung von Getreide zu Fleischproduktion eine unglaubliche Verschwendung. Es ist nachgewiesen, dass für ein halbes Kilo Fleisch acht Kilo Getreide nötig sind.

In dem Buch „Diet for a Small Planet" (Ernährung für einen kleinen Planeten) fordert der Autor Frances Moore Lappe die Leser auf, sich in der Fantasie an einen Tisch zu setzen, um ein saftiges Steak zu essen. „Dann stelle dir einen Raum mit 45-50 Menschen vor, die einen leeren Teller vor sich stehen haben. Für die Kosten, die dein Steak verursacht hat, könnte man all diese Teller mit nahrhaftem Getreide füllen."

Die Industrienationen verschwenden nicht nur ihr eigenes Getreide, um Masttiere damit zu füttern, sondern sie verwenden dazu außerdem noch proteinreiche Pflanzennahrung aus ärmeren

Ländern. Dr. George Borgstrom, eine Autorität in Bezug auf Nahrung und Geographie, schätzt, dass mehr als ein Drittel der Nussernte Afrikas (die sehr proteinreich ist) in den Rinder- und Geflügelmägen der europäischen Küche landet. In unterentwickelten Ländern konsumiert eine Person durchschnittlich 200 Kilo Getreide pro Jahr. Im Gegensatz hierzu verbraucht der durchschnittliche Fleischesser laut Lester Brown, einem Ernährungswissenschaftler, 1000 Kilo pro Jahr, wobei fast 90% davon an Tiere verfüttert wird, die dann später auf dem Teller landen. Der durchschnittliche Fleischesser, sagt Brown, verbraucht fünfmal so viel Nahrungsmittelressourcen wie der durchschnittliche Vegetarier. Solche Tatsachen haben bei Ernährungswissenschaftlern zu der Schlussfolgerung geführt, dass das Problem des Welthungers eigentlich überflüssig wäre. Wir produzieren jetzt schon mehr als genug Nahrungsmittel für alle auf diesem Planeten. Leider verwenden wir diese zu verschwenderisch. Der Ernährungsexperte Jean Mayer von der Harvard-Universität schätzt, dass eine Reduktion der Fleischproduktion um nur zehn Prozent genügend Getreide „freisetzen" würde, um 60 Millionen Menschen damit satt zu machen.

Ressourcen aufessen

*„Erst wenn der letzte Baum gefällt, der letzte
Fluss vergiftet, der letzte Fisch gefangen
wurde, erst dann werdet ihr merken,
dass man Geld nicht essen kann."*
— Indianische Weisheit

- Ein halber Hektar Land kann neun Tonnen Kartoffeln produzieren. Die gleiche Fläche Land produziert aber nur 75 Kilo Fleisch.
- Um ein Kilo Fleisch herzustellen braucht man 15 Kilo Getreide.
- Mehr als die Hälfte des Ernteertrages wird an Mastvieh verfüttert.
- Ein Fleischesser braucht fast eineinhalb Hektar Land, ein Ovo-Lakto-Vegetarier lediglich 0,6 Hektar und ein Veganer nur 0,06 Hektar
- Zur Herstellung von 0,5 Kilo Fleisch benötigt man fast 10 000 Liter Wasser. Der tägliche Wasserbedarf eines durchschnittlichen Fleischessers beträgt somit fast 15 000 Liter. Um einen Ovo-Lakto-Vegetarier zu ernähren, sind 4500 Liter Wasser nötig, und für einen Veganer etwa 1000 Liter.

- In Entwicklungsländern dient das Land hauptsächlich der Mastviehzucht für die Industrienationen, und kann deshalb nicht für nachhaltige Landwirtschaft verwendet werden.
- Um Weidefläche für Mastvieh in Mittel- und Südamerika zu gewinnen, wird dort der Regenwald zerstört. Der Regenwald beherbergt die Hälfte aller Tier- und Pflanzenarten der Erde, darunter auch viele Heilpflanzen. Über 1000 Tier- oder Pflanzenarten werden jährlich ausgerottet. Die meisten davon stammen aus Regenwaldgebieten, die zur Weidelandgewinnung gerodet wurden. Die Regenwaldzerstörung führt außerdem zur Vertreibung von Eingeborenen, die jahrtausendelang in Harmonie mit ihrer Umwelt lebten und trägt weiterhin zur Erderwärmung bei.
- Auf jeden Hektar Wald, der für menschliche Zwecke gerodet wird, kommen 14 zerstörte Hektar Wald für Weideland. Auf diese Weise werden die wenigen verbleibenden Wälder zerstört.
- Humus ist die dunkle, reichhaltige Erdschicht, die den Nahrungsmitteln, die wir anpflanzen, ihre Nährstoffe verleiht. Es dauert 500 Jahre, um eine Schicht Humus von 2,5 cm Höhe

herzustellen. Diese Erdschichten verschwinden rapide durch die Waldrodung für Weideflächen.

• Wasser wird durch chemische Substanzen aus der Viehwirtschaft massiv verschmutzt. Durch diese Vergiftung der Trinkwasserreserven wird sauberes Trinkwasser immer knapper.

Vitamine und Nährstoffe

Viele Menschen wurden in dem Glauben erzogen, dass eine ausreichende Versorgung mit Eiweiß, Vitaminen, Mineralien und Nährstoffen nur durch den Verzehr von Fleisch und tierischen Nahrungsmitteln gewährleistet ist. In Wirklichkeit gibt es aber zahlreiche andere Nahrungsmittel, die für eine ausreichende Versorgung sorgen können. Mutter Natur stellt eine Fülle von nahrhaften Pflanzenstoffen zu Verfügung.

Eiweiß/Protein: Die Kombination von Getreide und Hülsenfrüchten stellt die gesamte Palette an Aminosäuren zu Verfügung, die zur Protein-Synthese benötigt werden. Kichari ist ein traditionelles ayurvedisches Gericht aus Basmati-Reis und Mung-Dhal (ein Linsengericht) welches hochwertiges Eiweiß enthält. Hanfsamen, Getreide, Getreideprodukte, Nüsse, Samen, Bohnen,

Linsen, Kohl, Bio-Milch, Spirulina und alle anderen chlorophyllhaltigen Nahrungsmittel sind ebenfalls reich an Protein. Ragi (schwarze Hirse) und Quinoa enthalten besonders viel Eiweiß. Gemüse, besonders grünes Blattgemüse, Mikroalgen und Meeresalgen enthalten große Mengen an Aminosäuren, den Eiweiß-Bausteinen. Hochkonzentrierte Proteinpulver aus Hanf und Reis werden leicht vom Körper aufgenommen. Sojaprodukte enthalten ebenfalls Eiweiß. Sie sollten jedoch mit Vorsicht verwendet werden, da sie aufgrund von Genmanipulation und zu starker Verarbeitung oftmals schwer verdaulich sind. Tempeh ist eine Form von Soja, mit der die meisten Menschen besser zurecht kommen. Eier werden im Ayurveda grundsätzlich nicht empfohlen, zum einen aus karmischen Gründen und weil sie Pitta und Kapha verstärken. Sie führen darüber hinaus auch zu einer Erhöhung des Cholesterin-Wertes und schwächen das Verdauungsfeuer. Fast alle konventionellen Eier stammen aus Legebatterien. Wer dennoch Eier essen möchte, sollte diese Legebatterie-Eier vermeiden, da die Hühner dort ein leidvolles Dasein fristen.

Vitamin B-12: Das Vitamin B-12 ist für die Bildung von roten Blutkörperchen zuständig und trägt zum Erhalt eines gesunden Nervensystems bei. Dies ist das einzige Vitamin, an dem es Vegetariern/Veganern häufiger mangelt, da es in hoher Konzentration nur in Fleisch vorkommt. Es kommt aber auch in Seetang, Mikroalgen/ Spirulina und Soja vor. Außerdem sind die meisten vegetarischen/veganen Nahrungsmittel mit B-12 angereichert. Hefe/Hefeflocken, Vegetarische Burger/Hot Dogs, vegetarischer Fleischersatz, Getreide, Frühstücksflocken, Reis-, Hanf- und Mandelmilch enthalten ebenfalls ausreichend Vitamin B-12.

Vitamin D: Vitamin D reguliert die Aufnahme und Ausscheidung von Kalzium, besonders wenn die Kalziumversorgung zu niedrig ist. Vitamin D kommt in Fisch, Eiern und Milch vor. Es ist besonders hoch konzentriert in Frühstücksflocken. Die meisten vegetarischen/veganen Nahrungsmittel sind genau wie mit Vitamin B12 auch mit Vitamin D angereichert. Die größte Vitamin D-Quelle ist auf indirektem Weg die Sonne: 10-15 Minuten in der frühen Morgen- oder späten Abendsonne reichen für eine gute Vitamin D-Versorgung aus.

Kalzium: Kalzium ist für das Wachstum und den Erhalt von Knochen, Haaren, Nägeln, Haut und Gelenken zuständig. Der Irrtum, dass Milch und Milchprodukte die beste Quelle für Kalzium seien, ist weit verbreitet. Studien haben allerdings gezeigt, dass die instabilen Proteine homogenisierter Milch in Wirklichkeit dazu führen, dass Mineralien aus dem Körper heraus gewaschen werden. Dies gilt auch für Kalzium. Eine zwölfjährige Langzeituntersuchung der Harvard-Universität an 78 000 Frauen hat gezeigt, dass das tägliche Trinken von zwei Gläsern pasteurisierter und homogenisierter Milch zu einem signifikant erhöhten Hüft- oder Knochenbruchrisiko führt als bei der Kontrollgruppe, die nur ein oder gar kein Glas Milch tranken. Homogenisierte Milch scheint somit nicht vor Knochenverletzungen schützt. Hinzu kommt, dass es in Ländern, in denen fast keine Milch getrunken wird, kaum Osteoporose gibt. Sesam, vor allem in Form von Tahini, verfügt über die höchste Konzentration an Kalzium. Leicht absorbierbare pflanzliche Quellen für Kalzium sind grünes Blattgemüse, Trockenfrüchte, Samen, Nüsse, Ragi (schwarze Hirse) und Getreidemilch und –flocken, die mit Kalzium angereichert sind.

Eisen: Eisenmangel kann zu Blässe, brüchigen Fingernägeln, Müdigkeit, dünnem Blut, schwachen Knochen, Kurzatmigkeit, Menstruationsstörungen, starken Schwankungen in der Körpertemperatur, Appetitverlust, Apathie und Blutarmut führen. Homogenisierte Milchprodukte, Kaffee, raffinierter Zucker und schwarzer Tee verhindern die Aufnahme von Eisen. Vitamin C hingegen steigert seine Absorption. Gute Eisenquellen sind Bohnen, Kürbiskerne, Melasse, Datteln, Rosinen, Getreide und Meeresalgen.

Am besten ist es, seine Nährstoffversorgung durch den Verzehr von reinen und ganzheitlichen Nahrungsmitteln zu gewährleisten. Wenn dies jedoch in manchen Situationen nicht möglich ist, können Nahrungsergänzungsmittel helfen. Alle aufgezählten Vitamine und Mineralien können auch in Tablettenform eingenommen werden. Man sollte aber beachten, dass viele Nahrungsergänzungsmittel, die im Handel angeboten werden, Binde- und Füllmittel enthalten, die die Aufnahme der Vitamine und Mineralien erschweren. Daher ist es wichtig, die Inhaltsstoffe zu prüfen und gegebenenfalls die tägliche Verzehrempfehlung zu übersteigen. Flüssige Mineralien und Vitamine werden am leichtesten vom Körper aufgenommen, da sie direkt ins Blut gelangen. Vegetarier sollten auch darauf achten, keine gelatinehaltigen Tabletten zu kaufen, da dieses aus Tierknochen und Schweineschwarten gewonnen wird.

Körperpflege- und Putzmittel für den Haushalt

Die Haut ist das größte Organ des Körpers und absorbiert leicht viele Substanzen, mit denen sie in Kontakt kommt. Inhaltsstoffe von Körperpflegeprodukten, die durch die Haut aufgenommen werden, wandern direkt in die Lymphe und das Blut. Von dort aus machen sie sich auf den Weg zu den Organen, vor allem der Leber. In vielen Körperpflegeprodukten sind giftige Chemikalien, Konservierungsstoffe, raffinierter Zucker und andere künstliche Inhaltsstoffe enthalten. Putzmittel bestehen gewöhnlich ebenfalls aus schädlichen Chemikalien, die nicht nur über die Haut, sondern auch durch die Atmung in den Körper gelangen. Für eine optimale Gesundheit ist es gut, ausschließlich naturbelassene Körperpflegeprodukte und Putzmittel zu verwenden.

Manche Inhaltsstoffe werden als „natürlich" oder „naturähnlich" bezeichnet. Sie enthalten dennoch oftmals schädliche Substanzen. Diese stammen zwar nicht aus dem ursprünglich natürlichen Substrat, entstehen aber während des Verarbeitungsprozesses. Die Angaben zu den Inhaltsstoffen von Kosmetika, Hautpflege-produkten und Putzmitteln werden häufig in Fachausdrücken wiedergegeben. Die meisten der „natürlichen" Kräutershampoos und Putzmittel enthalten dennoch viele schädliche Chemikalien. Man sollte sich die Zeit nehmen, die Kennzeichnung genau durchzulesen und versuchen, vor allem die folgenden gefährlichen Substanzen zu vermeiden, die in Zahnpasta, Shampoo, Haar-Spülung, Deodorant, Seife, Bodylotion, Sonnen-milch, Make-up, Putzmitteln und manchmal sogar in Nahrungsmitteln vorkommen:

Azeton ist ein Nervengift, reizt Haut und Augen und hat starke Nebenwirkungen auf Atem-wege und Nervensystem.

Aluminium ist ein häufiger Wirkstoff in vielen Deodorants und kann sogar in Nahrungsmitteln, wie z.B. Backpulver, gefunden werden. Es trägt zur Vergiftung des Lymphsystems bei und wird als eine der Ursachen für Brustkrebs angesehen. Aluminium steht außerdem in direktem Zusam-menhang mit neurologischen Störungen und Krankheiten, wie z.B. Alzheimer und Parkinson.

Künstliche Farbstoffe haben einen krebserregenden Effekt, wenn sie auf die Haut aufgetragen werden. Oftmals enthalten künstliche Farbstoffe Spuren von krebserregenden Schwermetallen, wie z.B. Arsen und Blei.

Butylhydroxyanisol und **Butylhydroxytoluol** kommen sowohl in Nahrungsmitteln als auch in Körperpflegeprodukten vor. Sie sind karzinogene Substanzen, die sogar Metall zersetzen können. Sie können zu Hautausschlägen und Hautirritationen führen.

Cocoamide DEA oder **MEA** und **Lauramide DEA** führen zu Haut- und Augenreizungen. Wenn DEA-haltige Substanzen wiederholt auf die Haut aufgetragen werden, führt dies erwiesenermaßen zu einem erhöhten Risiko für Leber- und Nierenkrebs.

Formaldehyd wird in fast allen Kosmetika verwendet und ist bekannt für seine schädliche Wirkung auf Augen, Nase und Rachen, die zu Husten, Asthmaanfällen, Kurzatmigkeit, Übelkeit, Erbrechen, Hautausschlag, Nasenbluten und Schwindel führen kann. Außerdem führt es zu einer deutlichen Schwächung des Immunsystems.

Duftstoffe beinhalten eine breite Palette an Substanzen. Viele Duftstoffe verursachen

Geburtsfehler, Fortpflanzungsstörungen und Leberschäden bei Versuchstieren. Die Hersteller sind nicht dazu verpflichtet, die Inhaltsstoffe von Parfum aufzulisten. Viele von ihnen enthalten Methylchlorid, Toluol, Methyl-Ethyl-Keton, Methyl-Isobutyl-Keton, Ethyl-Alkohol und Benzylchlorid, die allesamt sehr gefährlich sind und allergische Reaktionen auslösen können.

Mineralische Öle, Petroleum, Paraffin und **Methyl-, Propyl- und Butyl-Paraben** sind Petroleum-Substanzen, die aus Rohöl gewonnen werden. Sie zerstören die natürliche Immunabwehr der Haut, verhindern die Giftausscheidung, verschlimmern Akne und andere Hautkrankheiten und führen zu einer frühzeitigen Hautalterung.

Propylen-Glycol (1,2- Propanedial) ist ein Frostschutzmittel. Es ist ein Petroleum-Derivat, das die Zellstruktur schwächt. Es ist so stark, dass es sogar Seepocken (eine Muschelart) von Booten entfernt und es führt zu Reizungen der Augen, des Rachens, der Luftwege und der Haut. Zusammen mit Aluminium wird es häufig in Deodorants verwendet, da es den natürlichen Ausscheidungsvorgang des Körpers unterbindet. Dies schließt wiederum Giftstoffe im Lymphsystem ein und trägt zu Brustkrebs bei.

Sodium-Lauryl-Sulfate kommen in fast allen Shampoos vor und führen zu Augen- und Hautreizungen und Schwellungen an Händen, Gesicht und Armen. Sie sind meistens mit Dioxin verunreinigt, einem bekannten Karzinogen. Die Sodium-Lauryl-Sulfate in unserer Seife sind genau die gleichen wie in Autowaschanlagen und werden sogar in Autowerkstätten zum Entfernen von Öl auf Automotoren verwendet. Es wird für viele gesundheitliche Probleme verantwortlich gemacht, die von PMS und Wechseljahresbeschwerden bis hin zu Fruchtbarkeitsstörungen beim Mann und erhöhtem Krebsrisiko bei der Frau führen.

Fasten für die Gesundheit

Da unser Körper heutzutage ständig mit Giftstoffen bombardiert wird, ist Fasten eine hervorragende Möglichkeit, diese wieder auszuscheiden. Im Ayurveda ist Fasten eines der stärksten Heilmittel. Es kann den Kern einer Krankheit entfernen, indem es angesammelte Toxine entfernt. Die Ansammlung von Giftstoffen ist meist die erste Stufe in der Entwicklung einer Krankheit.

Amma empfiehlt Menschen, die bei guter Gesundheit sind, einmal in der Woche zu fasten. Dies gibt dem Körper Zeit, sich zu reinigen, facht das Verdauungsfeuer neu an und gleicht den Stoffwechsel aus. Giftstoffe werden ausgeschieden, wodurch sich die geistige Klarheit und die körperliche Kraft verstärken. Fasten ist außerdem eine ausgezeichnete Möglichkeit, den Körper vor Krankheiten zu schützen, wie z.B. Erkältungen, Virusinfektionen und Entzündungen. Am besten sollte man sich bei den ersten Anzeichen einer Erkrankung auf leichter verdauliche Kost umstellen oder gleich ganz fasten. Fasten gibt dem Körper enorm viel Kraft, sich selbst zu verjüngen. Am besten ist das Wasser-Fasten. Wenn dies nicht möglich ist, können auch Kräutertees, Säfte oder Kokosnusswasser getrunken werden.

Amma weist auch darauf hin, dass das Verdauungssystem wie eine Maschine ist, die niemals zur Ruhe kommt, wenn wir nicht fasten. Jede Maschine, die jahrelang 24 Stunden pro Tag läuft, wird früher oder später kaputt gehen. Einmal in der Woche zu fasten gibt dem Verdauungssystem seine dringend benötigte Pause.

Längere Fastenzeiten sollten nur unter Anleitung eines erfahrenen Arztes oder Heilpraktikers durchgeführt werden. Hierbei kommt der Nahrung, die vor Beginn und nach Abschluss des Fastens gegessen wird, besondere Bedeutung zu. Sie hat eine sehr starke Auswirkung auf den Körper.

Panchakarma – Ernährungsempfehlungen

Panchakarma ist eine ayurvedische Reinigungsmethode, die bis auf die Zellebene vordringt. Panchakarma bedeutet „fünf Handlungen". Sie leitet Giftstoffe aus dem Körper aus, sowohl aus dem physischen, als auch dem astralen. Sie hat einen stark entgiftenden und belebenden Effekt auf Knochen, Nerven, Muskeln, Sinneswahrnehmung und Gemüt.

Die richtige Ernährung ist die Grundlage für eine Panchakarma-Kur. Der Körper durchläuft eine tiefe Transformation und das richtige Essen ist von essentieller Bedeutung für diesen Prozess. Nahrungsmittel, die während der Kur ungeeignet sind, können die Reinigungsprozesse stören und Giftstoffe sogar noch tiefer in den Körper treiben.

Die ideale Ernährung während einer Panchakarma-Kur besteht aus nahrhaften und leicht verdaulichen Nahrungsmitteln, wie Gemüse und Kichari. Am besten sollte nach 18 Uhr nichts mehr gegessen werden, da das Verdauungsfeuer zu diesem Zeitpunkt nicht mehr so stark ist. Essen, das am Abend verzehrt wird, bildet *Ama* (Toxine). Wer abends unbedingt noch etwas zu sich nehmen möchte, sollte auf Reiswasser (*Kanji*) oder Gemüsebrühe zurückgreifen.

Die folgenden Ernährungsempfehlungen sind zur Unterstützung einer Panchakarma-Kur geeignet, die immer unter Anleitung eines Spezialisten durchgeführt werden sollte.

Nahrungsmittel, die den Reinigungsprozess unterstützen:

- Kichari (gelbe Mung-Linsen und Basmati-Reis, gekocht mit Ghee und milden Gewürzen)
- gedämpftes oder leicht gekochtes ungewürztes Gemüse
- Gemüsebrühe
- täglich 2-3 Liter Wasser trinken, um die Giftstoffe auszuleiten
- Kokosnusswasser trinken – auch das Fleisch der jungen Kokosnuss ist in Maßen verträglich
- beim Essen sollte Ghee verwendet werden – 1 TL (Kapha), 1,5 TL (Pitta), 1 EL (Vata) maximal pro Mahlzeit
- Hafer-Porridge (ohne Weizen)
- Idly oder Dosa (ohne Beilagen)
- Kanji (Reiswasser)

- Kräutertees: Tulasi, Ingwer, Kardamom, Zimt und andere Tees gemäß des vorherrschenden Doshas
- Traubensaft (ohne Zuckerzusatz)

Nahrungsmittel, die nur in Maßen Verwendung finden sollten:

- Orangen-, Ananas- und Granatapfelsaft (ohne Zuckerzusatz)
- Buttermilch (kann ein bis zwei Mal pro Woche getrunken werden)
- Nüsse (rohe Mandeln, über Nacht eingeweicht und geschält – höchstens 10 pro Tag), keinerlei Nüsse für Pitta-Typen
- salzige und scharfe Zutaten (Knoblauch, Zwiebeln, Chilischoten)
- sauere Zutaten (Gewürzgurken etc., Essig, Zitrone)

Nahrungsmittel, die absolut vermieden werden sollten:

- Milchprodukte (Milch, Jogurt, Chai, Butter, etc.) verstopfen die Kanäle und verhindern die Entgiftung
- frittiertes Essen
- raffinierter Zucker

- schwarzer Tee, Kaffee und Stimulanzien
- sehr scharfes Essen
- kalte Nahrungsmittel, wie Eis, Sprudelgetränke, Wasser und Saft
- Eier, Käse und Sojaprodukte
- alle Weizen- und Hefeprodukte (wie z.B. *Uppama*, Brot, Nudeln, Kekse, Kuchen)
- rohes Essen
- Nahrungsmittel, die Vata erhöhen (Blumenkohl, Brokkoli, Kohl und Kichererbsen)
- Nachtschattengewächse (Kartoffeln, Tomaten, Aubergine, Paprika)
- Pilze
- Erdnüsse und Erdnussbutter

Anmerkung: Die oben genannten Empfehlungen stellen allgemeine Richtlinien dar und sind nicht spezifisch auf ein Dosha abgestimmt. Manche dieser Empfehlungen müssen möglicherweise den individuellen Bedürfnissen des Körpers angepasst werden.

Bewusstes Essen

„Überesse dich niemals. Die Hälfte des Magens sollte der Nahrung, ein Viertel der Flüssigkeit und der Rest der Luft vorbehalten sein. Je weniger du isst, umso stärker wirst du deinen Geist beherrschen können. Schlafe oder meditiere niemals direkt nach dem Essen, denn dann wirst du die Nahrung nicht richtig verdauen. Wiederhole beim Essen im Geiste dein Mantra. Dies wird sowohl die Nahrung als auch dein Gemüt reinigen."

– Amma

Die Umgebung, in der wir essen, die Gedanken, die wir dabei haben und unsere Essgewohnheiten beeinflussen unsere Gesundheit genau so wie die Nahrung an sich. Ayurveda empfiehlt, in einer sauberen, stressfreien und ruhigen Atmosphäre zu essen. Man sollte sich einen Moment Zeit nehmen, bevor man mit dem Essen beginnt, um sich für die Nahrung zu bedanken, den Geist zu beruhigen und im gegenwärtigen Moment anzukommen. Arbeiten, Lesen, Fernsehen und angeregte Gespräche während des Essens lenken Körper und Geist von der Nahrungsaufnahme ab.

Bei emotionaler Unausgeglichenheit oder unter Stress wird der Verdauungsvorgang unterbunden. Nahrung, die mit Liebe zubereitet wurde ist voller Lebenskraft. Der Verdauungsvorgang beginnt im Mund. Bereits Mahatma Gandhi sagte: „Kaue dein Trinken und trinke dein Essen". Wenn die Nahrung so gut zerkaut wird, dass sie flüssig wird, benötigt der Magen weniger Energie zur Verdauung.

Die Menge und der Zeitpunkt unseres Essens können ebenfalls einen enormen Einfluss auf unser Wohlbefinden haben. Amma betont immer wieder, dass wir keine Nahrung verschwenden sollen. Es ist besser, mit kleineren Portionen zu beginnen als Essen wegzuwerfen. Nach körperlicher Anstrengung oder bei mangelndem Appetit sollte am besten gar nichts gegessen werden. Die Organe orientieren sich in ihrer Funktionsweise an bestimmten Tageszeiten. Das Frühstück kann der Körper am besten von 6-8 Uhr, das Mittagessen von 10-12 Uhr und das Abendessen von 17-19 Uhr aufnehmen. Außerdem ist es wichtig, jeder Mahlzeit genügend Zeit zur Verdauung zu geben, bevor die nächste eingenommen wird. Im Ayurveda wird empfohlen, eine Pause von drei bis sechs Stunden zwischen den Mahlzeiten einzuhalten.

Wenn wir nach 19 Uhr essen, hat der Körper die Produktion der meisten Verdauungsenzyme eingestellt. Daher verbleibt Nahrung, die abends gegessen wird, über Nacht unverdaut im Magen und hindert die Organe daran, sich vollständig zu erholen. Die unverdaute Nahrung produziert Giftstoffe und macht uns morgens müde und schwerfällig. Das Abendessen ausfallen zu lassen ist eine der besten Methoden, den Stoffwechsel zu regulieren, das Körpergewicht zu kontrollieren und den Körper bei seiner Regeneration zu unterstützen. Wenn man am Abend noch starken Hunger verspürt, sollte man eine leichte Suppe oder einen Kräutertee zu sich nehmen. Wer es einmal ausprobiert hat wird merken, dass weniger Essen am Abend zu größerer Klarheit und mehr Energie am nächsten Tag führt.

Was wir zu den Mahlzeiten trinken, spielt ebenfalls eine zentrale Rolle beim Verdauungsvorgang. Gekühlte Getränke löschen das Verdauungsfeuer. Während der Mahlzeiten zu trinken verdünnt die Verdauungssäfte, weshalb man am besten beim Essen nichts trinkt. Falls man dennoch unbedingt etwas Flüssiges braucht, sollte man Kräutertee oder warmes Wasser zu sich nehmen, und zwar entweder 10-15 Minuten vor oder 30 Minuten nach dem Essen. Am Ende einer Mahlzeit zu trinken blockiert den Verdauungsvorgan. Wenn man durstig ist, sollte man nichts essen und bei Hunger kein Wasser trinken.

Im Ayurveda wird empfohlen, alle sechs Geschmacksrichtungen in eine Mahlzeit einzubeziehen: süß, sauer, salzig, bitter, scharf und adstringierend. Jede Geschmacksrichtung hat ihren eigenen harmonisierenden Effekt. Wenn sie allesamt zur Geltung kommen, reduziert dies Heißhungeranfälle und hat eine ausgleichende Wirkung auf den Appetit und die Verdauung. Überall auf der Welt wird meistens zu viel Süßes, Saures und Salziges gegessen. Bitteres, Scharfes und Adstringierendes wird hingegen kaum verzehrt. Die Verwendung von verschiedenen Gewürzen integriert selbst bei einfachsten Mahlzeiten alle Geschmacksrichtungen.

Bei der Nahrungsauswahl sollten sattvische, vollwertige, frische, saisonale und regionale Nahrungsmittel bevorzugt werden. Es sollte nicht zu viel schwer Verdauliches gegessen werden. Ein Übermaß an scharfem Essen führt zu Schwäche, zu kaltes oder trockenes Essen erschwert die Verdauung. Kochen zerstört Nährstoffe und Vitalität. Genauso schaden das Aufwärmen bereits erhitzter

Nahrung oder das unbedeckte Aufbewahren dem Nährstoffgehalt des Essens.

Eine Mahlzeit sollte nicht nur bewusst begonnen sondern auch beendet werden. Der Magen sollte höchstens zu ¾ seiner Kapazität gefüllt und der Tisch weder zu hungrig noch zu satt verlassen werden. Es ist günstig, sich nach dem Essen noch ein paar Minuten Zeit zu nehmen, um ruhig sitzen zu bleiben, bevor man sich wieder in Aktivitäten stürzt.

Nahrungsmittel zur Heilung

Es steckt viel Wahrheit in der Aussage „Dein Essen ist Deine Medizin". In der nachfolgenden Tabelle sind allgemeine Hinweise zu Nahrungsmitteln zu finden, die bei bestimmten Krankheiten einen heilsamen Effekt haben können. Diese Auflistung erhebt aber keinen Anspruch auf Vollständigkeit. Die aufgeführten Nahrungsmittel können jedoch unter den genannten gesundheitlichen Bedingungen hilfreich und unterstützend sein. Effektiver noch ist es, wenn die empfohlenen Nahrungsmittel mit einer naturheilkundlichen Behandlung kombiniert werden!

Krankheit	Heilsame Nahrungsmittel
Abwehrschwäche	Alfalfa, Grüne Gemüsearten, Knoblauch, Früchte, Beeren
Akne	Karotten, Kartoffeln, Klettenwurzelöl, Spinat, Trauben, Seetang, Rote Beete, Gurken
Allergien	Honig (biologisch/unerhitzt), Karotten, Rote Beete, Spinat, Sellerie, Cayenne-Pfeffer, Trauben, Brennnessel, Knoblauch, Zwiebeln, Blaubeere, Ingwer, Meerrettich. Milch, Weizen, weißer Zucker, chemische Zusatzstoffe und Fertigprodukte sollten vermieden werden.
Anämie	Rote Beete, Karotten, Datteln, grünes Blattgemüse, Beerenfrüchte, brauner Reis, Granatapfel, Klettenwurzelöl
Arthritis	Basmati-Reis, Dhal mit Knoblauch, Knoblauch-Chutney, Milch mit Kurkuma, Kichari, gedämpftes dunkelgrünes Blattgemüse, Seetang
Asthma	Dhal, Trauben, Brokkoli-Suppe mit Knoblauch, Senf, Kumin, Pfeffer, Ingwermilch
Augen	Warme Teebeutel von schwarzem Tee oder Kamillentee beruhigen müde/geschwollene Augen. Karotten, Kürbis
Äußere Blutungen	Cayenne-Pfeffer auf die Wunde aufgetragen stoppt die Blutung
Blasen-entzündung	Cranberry-Saft (ohne Zucker), Brunnenkresse, Gurken, Beeren, Zitrone, Brennnessel, Löwenzahn, brauner Reis, Kichari
Bluthochdruck	Basmati-Reis, Mungobohnen, Kichari, frischer Koriander, Kokosnusswasser, Entwässerungstee

Candida	Gekochter Knoblauch, dunkelgrüne Blattgemüse, Seetang. Kein Weizen, weißer Zucker, keine Milch und keine Hefe.
Diabetes	Hirse, Mais, grüne Blattgemüse, Bittermelone, Beerenfrüchte, Okraschoten, Kurkuma, Bohnen, Lorbeerblatt, Tulasi, Zimt, Nelken, Kumin, Koriander. Kein Weizen, kein Reis.
Durchblutungsstörungen	Safran-Milch, Kokosnussmilch, Reispudding (Kalzium stoppt Blutungen)
Durchfall	Reis, unreife Bananen, Getreide, in schweren Fällen mit etwas Muskatnuss gewürzt
Erkältung	Tulasi, Ingwer, schwarzer Pfeffer, Kardamom- und Zimt-Tee, Knoblauch
Fieber	Rundkörniger Naturreis, Tapioka, Tulasi-Blätter
Fortpflanzungorgane	Knoblauch, Zwiebeln, rohe Milch, Mandeln, Datteln, Cashews, Rote Beete
Furunkel	Kurkuma (innerlich und äußerlich), Rote Beete, grünes Gemüse, Seetang
Gallenblase	Alfalfa, Sprossen, Aloe, Löwenzahnblätter, Anis, Walnüsse
Gelenkbeschwerden	Alfalfa, Spinat, Ingwer, Quinoa, Kurkuma, Amaranth, Petersilie, Rosmarin, Yamswurzel, Wurzelgemüse, Blaubeeren, Ghee, Hanföl
Halsschmerzen	Zitronen, Ingwer und Honigtee, Cayenne-Pfeffer (siehe auch unter *Erkältungen*)
Hämorriden	Haferbrei, Bohnen, Kurkuma, Aloe Vera, Rote Beete, Granatapfel. Keine Nachtschattengewächse.

Hautausschlag	Knoblauch, Kurkuma, Kohl, Birnen, rote Trauben, Brennnessel, Gurken, grüne Papaya, Tulasi, Wassermelone. Auf die betroffenen Hautstellen kann Ghee aufgetragen werden.
Hautekzem/ Psoriasis	Saft von frischem Koriander, Gurkensaft (innerlich und äußerlich), die Innenseite einer Cantaloupe-Melonenschale auf die Haut reiben, Granatapfelsaft, Avocado, Papaya, Aloe Vera, Beeren. Milch, Weizen und weißen Zucker vermeiden.
Herzkrankheiten	Alfalfa, Karotten, Rote Beete, dunkelgrünes Blattgemüse, Vollkorngetreide, Rotkohl, Bohnen, Äpfel, Beeren. Fleisch und Milchprodukte vermeiden.
Hohe Cholesterinwerte	Avocados, Hafer, Alfalfa, Vollkornprodukte, Äpfel, Hanfsamen (-öl), Feigen, Knoblauch
Hoher Blutzucker	Linsen, dunkelgrüne Blattgemüse, Bohnen, Cayenne-Pfeffer, Zimt, Kurkuma, Radieschen, Seetang. Weniger Früchte essen.
Husten	Linsensuppe, Brokkoli-Suppe (oder anderes Gemüse) mit Knoblauch, Senf, Kumin, Ingwer, Zitrone, Zwiebeln, Tulasi, Miso, Kardamom, Fenchel
Kopfschmerzen	Viel Wasser trinken, Säfte, Zitrone, Protein (z.B. aus Hanfsamen, Dhal, Bohnen)
Krebs	Tulasi, Essiac-Tee (siehe www.essiac.org), frische Obst- und Gemüsesäfte, grünes Gemüse, frischer Koriander, Kurkuma, Oregano, Beerenfrüchte, Petersilie, Brennnesseln. Fleisch, Fett und Fertigprodukte vermeiden

Lebensmittel-vergiftung	Honig, frischer Jogurt, Koriander, Kurkuma, Ingwer
Lebervergiftung	Roher Rohrzuckersaft (reinigt die Leber), Kohl, Rote Beete, Radieschen
Magengeschwür	Rotkohl-Saft, brauner Reis, gedämpftes grünes Gemüse, Kichari, Beeren, alle basischen Nahrungsmittel. Weizen, scharfe Gewürze, Koffein, Alkohol und weißen Zucker vermeiden.
Magenschmerzen	Ingwersaft/-suppe, Papaya, Pfefferminze, Papaya-Kerne, Miso
Migräne	Reife Bananen, gekocht mit Ghee, Kardamom und Muskatnuss, Muskatnuss-Paste auf der Stirn.
Nierenbeschwerden	Wassermelone (nicht bei Ödemen), Spargel, Petersilie, Kopfsalat, Kidneybohnen, Brennnessel, dunkelgrünes Blattgemüse, Rote Beete, Sellerie. Wenig Salz.
Ohrenschmerzen	Knoblauchöl (Knoblauch in Sesamöl gekocht, bis er braun wird), fünf Tropfen ins Ohr
Osteoporose	grünes Gemüse, Spargel, Quinoa, Amaranth, Äpfel, Bananen, Seetang, Mandeln. Pasteurisierte und homogenisierte Milch meiden.
Parasiten/Würmer	Kürbiskerne, Papaya-Kerne, Knoblauch, brauner Reis, Aprikosenkerne. Zucker, Früchte, Weizen, Gluten und Alkohol vermeiden.
PMS	Bohnen, Seetang, Karotten, Äpfel, Rote Beete, roher Kakao. Koffein und Alkohol meiden.

Reizdarm	Kichari, Linsen, Okraschoten, Flohsamen, Aloe Vera. Weizen, Gluten, Nüsse, Samen und Milch vermeiden.
Schilddrüsen-überfunktion	Aloe Vera, Seetang, rote Linsensuppe, dunkelgrüne Blattgemüse
Schilddrüsen-unterfunktion	Aloe Vera, Seetang, Gerste, Miso, Wurzelgemüse, Rotkohl
Schlaflosigkeit	Knoblauch-Milch mit etwas Kurkuma, Muskatnuss, Vollkornprodukte
Stress	Tulasi-Tee, Beeren, Miso, Seetang, dunkelgrünes Blattgemüse, Yamswurzel, Kürbis, gekochte Äpfel, rote Trauben, unbehandelte warme Milch mit Kurkuma
Übelkeit/Erbrechen	Reiswasser, Ingwer, Minze, Honig
Übergewicht	Grapefruit, Salat, gedämpftes Gemüse, Rote Beete, Kohl, unreife und reife Papaya, Ingwer, Pfeffer, Beeren, Radieschen
Verstopfung	Viel Wasser, Ballaststoffe, Gemüse, Früchte, Rübensaft, Pflaumen, Pflaumensaft
Wechseljahres-beschwerden	Grünes Blattgemüse, Yamswurzel, Basilikum, Seetang, Karotten, Bohnen, Hafer
Zahnschmerzen	Nelken, roher Knoblauch (kauen oder im Mund lassen), Petersilie, Weizengrassaft

Zusammenfassung

Und er wusste, dass die Nahrung Brahman war.
Aus der Nahrung werden alle Wesen geboren,
durch die Nahrung leben sie
und schließlich kehren sie wieder zur ihr zurück.
Taittiriya Upanishad 3.2

Amma erinnert uns ständig daran, dass wir nicht der Körper sind. Wir sind der Atman (das Höchste Selbst). Warum sich also um eine gesunde Ernährung kümmern? Dieser Körper ist das Gefährt für die Seele, und so wie wir niemals verschmutzten Treibstoff in den Tank unseres Autos füllen würden, sollten wir uns gut überlegen, welchen Treibstoff wir für das Gefährt unserer Seele verwenden. Gleichzeitig sollten wir aber unsere Ernährung nicht so übertrieben wichtig nehmen, dass wir keine Dankbarkeit mehr für all die Nahrung empfinden können, die wir bekommen. Unsere Gedanken und Einstellung während der Mahlzeiten beeinflussen unsere Verdauung und die Aufnahme der Nährstoffe in gleichem Maße wie die Nahrung selbst. Wir sind gesegnet, wenn wir genügend Essen haben, aus dem wir Energie und

Nährstoffe gewinnen können. Millionen von Menschen haben dies nicht.

Wir verfügen über ein unendliches Potenzial, uns selbst und den Planeten zu heilen, in dem wir einige einfache Änderungen an unseren Essensgewohnheiten vornehmen. Amma weist immer wieder darauf hin, wie sehr Mutter Natur aus dem Gleichgewicht geraten ist und ermutigt uns, bei der Wiederherstellung dieser Balance mitzuhelfen. Mögen wir durch ihre Gnade unser inneres und äußeres Gleichgewicht wieder finden.

Om brahmarpanam brahma havir brahmagnau
brahmana hutam brahmaiva tena gantavyam
brahma karma samadhina

Brahman ist das Opfer,
Brahman ist die Opferspeise,
Durch Brahman selbst
wird sie im Brahman-Feuer dargebracht.
Brahman wird erreicht durch völlige
Versenkung in das Handeln Brahmans
Bhagavad Gita, 4:24

Om Lokah Samastah Sukhino Bhavantu

Mögen alle Wesen aller Welten glücklich sein

Empfohlene Lektüre

Ayurvedic Healing: A Comprehensive Guide (David Frawley)

Ayurveda: The Science of Healing (Vasant Lad)

Ayurvedic Cooking (Vasant Lad)

Diet for a New America (John Robbins)

Diet for a New World (John Robbins)

Healing with Whole Foods (Paul Pitchford)

Prakriti (Robert Svoboda)

Quantum Healing (Deepak Chopra)

Vegan Fusion (Mark Reinfeld)

Why Vegan? (visit www.VeganOutreach.com)

Yoga and Ayurveda (David Frawley)